Blick über Friedrichroda zum Kühlen Tal und zum Kamm des Thüringer Waldes

Die Erholungslandschaft im Süden des Gothaer Landes:

Die Thüringer-Wald-Berge mit dem Inselsberg

Der Süden des Gothaer Landes ist eine einzigartige Erholungslandschaft. Hier liegen in den Tälern und Beckenlandschaften des Thüringer Waldes u.a. solche bekannten Tourismusorte wie Friedrichroda, Tabarz und Finsterbergen, die in dieser Broschüre zusammen mit ihrer reizvollen Umgebung vorgestellt werden. Nicht weit von diesen Urlauberorten liegt in Höhen von 700–900 m der Kamm des Thüringer Waldes mit dem bekannten Höhenwanderweg, dem Rennsteig. Schön ist das Wandern auf diesem Höhenweg mit seinen herrlichen Ausblicken. Aber auch die Lage der Städte und Gemeinden im Thüringer Wald, seine Berge, Riedel, Felsen und Täler, seine Waldungen, Wiesen, Bäche und die zahlreichen Stauseen sind äußerst reizvoll und verlocken zum Anschauen und Genießen, zu schönen Spaziergängen oder Wanderungen. Hinzu kommen vielfältige Anziehungspunkte in den Urlauberorten mit ihren historischen Stätten, Denkmalen und Museen u.a.m. sowie ein attraktives Angebot im Rahmen der Freizeitgestaltung.

Unsere Broschüre informiert nun knapp und übersichtlich über diese schöne Thüringer-Wald-Landschaft am Nordrand des markanten Inselsberges, der wie die schweizerische Rigi die Landschaft mit seinen 916 m beherrscht. Er ist Zielpunkt zahlreicher Wanderungen, weil er auch **der** Aussichtsberg des Thüringer Waldes ist. Erschließen Sie sich diesen Teil des Thüringer Waldes vom Emsetal mit den Urlauberorten Winterstein, Schmerbach, Schwarzhausen und Fischbach im Nordwesten über Tabarz mit seinem Lauchagrund, Friedrichroda im Schilfwassertal, Engelsbach am Rande des Leinatals bis Finsterbergen im Südosten.

Unser Waldstandort ist gleichzeitig interessanter Ausgangspunkt für zahlreiche Unternehmungen in die weitere Umgebung. Im Nordwesten liegt die Wartburgstadt Eisenach nur knappe 30 km entfernt, im Süden liegt das alte Schmalkalden mit seiner historischen Altstadt und der Wilhelmsburg, im Norden winken die Türme von Schloß Friedenstein in Gotha, auch die Domstadt Erfurt ist nicht allzuweit und nur 20 km weiter ist man schon in der Klassikerstadt Weimar. Nicht vergessen sollten Sie eine Stippvisite ins Burgenland der Drei Gleichen, verbunden mit einem Besuch der Bachstadt Arnstadt, sowie einen Höhenausflug in den Hohen Thüringer Wald um Oberhof.

Die Autoren wünschen Ihnen viel aktive Erholung, viele angenehme und erfolgreiche Unternehmungen im Thüringer Land, in den Bergen und Tälern des Thüringer Waldes.

Die Autoren

Die Landschaft

Zahlreiche Berge mit steilen Hängen und liebliche Täler mit klaren Bächen geben dem Teil des Thüringer Waldes um Friedrichroda und Tabarz das Gepräge. Nördlich des Rennsteigs, jenes so bekannten Grenz- und Wanderpfades, erblickt man eine abwechslungsreiche Waldlandschaft zum Hügelland Westthüringens. Über allem thront der Große Inselsberg, mit 916 Metern über dem Meeresspiegel zwar nicht der höchste, aber doch der markanteste und bekannteste Gipfel des Thüringer Waldes. Hier führt der Rennsteig als echter Kammpfad in einer durchschnittlichen Höhe von 700 bis 800 Metern NN entlang.

Porphyrkonglomerate, u.a. auch an einigen Stellen Quarzporphyre mit Drusenbildungen, sind das vorherr-

Thüringen
Landschaften • Städte • Wanderungen

Rund um
Friedrichroda
und Tabarz
mit Engelsbach, Finsterbergen,
Fischbach, Winterstein u. a.
Lutz-Peter Fischer

Justus Perthes Verlag Gotha

Lektor: Dipl.-Geogr. Rolf Schadeberg, Dr. Klaus-Peter Herr

Verzeichnis der Quellen
Archiv L.-P. Fischer, Tambach-Dietharz, Fotos S. 6, 23, 26, 32 und 68,
    Grafik S. 18;
H. Herr, Gotha: Foto S. 27;
L. Köllner, Ruhla: Fotos S. 51 und 54;
W. Koch, Gotha: Foto S. 53;
R. Mader, Schöneberg/Hunsrück: Fotos S. 12, 31, 42, 46 und 57;
E. Prause, Gotha: Fotos S. 38, 49 und 58;
Archiv H. Roob, Gotha: Foto S. 10;
Foto-Spelda, Tabarz: Titelbild, Fotos S. 3, 9 und 39;

Lehfeldt, P.: Bau und Kunstdenkmäler Thüringens, Jena 1891: Grafik S. 14;
Archiv Justus Perthes Verlag Gotha: Karten S. 5, 6, und 8, Grafiken S. 20, 38,
    44 und 56;
Archiv und Kartensammlung im Justus Perthes Verlag Gotha:
    Kartenausschnitt S. 15;
Perthes-Kartographie Gotha: Karten S. 24/25, 40/41, 45 und 64/65;
Thüringer Landesvermessungsamt Erfurt: Kartengrundlage für Karte S. 24/25
    (Genehmigungsnr. 100 262/97);
Thüringerwald- und Straßenbahn Gotha: Foto und Grafik S. 61.

Alle Angaben in dieser Druckschrift erfolgen nach bestem Wissen,
jedoch ohne Gewähr!

Die Deutsche Bibliothek – CIP-Einheitsaufnahme
Fischer, Lutz-Peter:
Rund um Friedrichroda und Tabarz mit Finsterbergen, Engelsbach, Fischbach,
Winterstein u. a. / Lutz-Peter Fischer. Unter Mitarbeit von Wolfgang Klug und
Eberhard Kilb. –
1. Auflage – Gotha: Perthes, 1997
    (Thüringen – Landschaften, Städte, Wanderungen)
    ISBN 3-623-00906-7

ISBN 3-623-00906-7

Thüringen – Landschaften, Städte, Wanderungen
Lutz-Peter Fischer unter Mitarbeit von Dr. Wolfgang Klug und Eberhard Kilb
Rund um Friedrichroda und Tabarz ...

1. Auflage
© Justus Perthes Verlag Gotha GmbH, Gotha 1997
Printed in Germany. All rights reserved.
Herstellung Peter Spallek – UniPrint, Gotha
Redaktionsschluß: Ende 1996

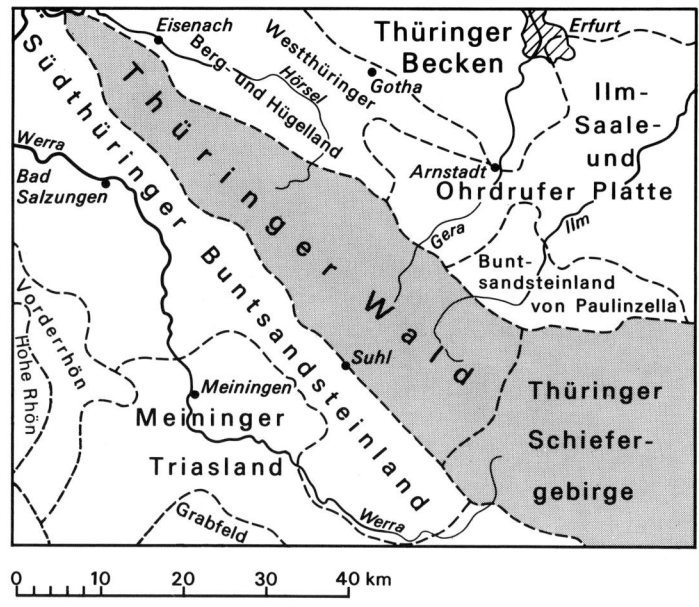

Landschaftsgliederung Südwestthüringens

schende geologische Material. Seine Entstehung geht auf die Periode des Perm im Erdaltertum (Paläozoikum) zurück, in der durch Vulkanismus, Faltungs- und Verwerfungsprozesse vor 280 Millionen Jahren (varistische Faltung) die einzelnen Gesteinszonen ihre jetzige Streichrichtung erhielten. Bereits im Devon (vor etwa 400 Mio. Jahren) waren in der kaledonischen Faltung Gebirge entstanden, von denen einige Glimmerschiefervorkommen künden. Zechsteinkalk und Buntsandstein, hier und da am Nordrand des Mittelgebirges auftretend, bildeten sich ausgangs des Erdaltertums und zu Beginn des Erdmittelalters (Mesozoikum) vor etwa 230 Millionen Jahren. Bei Schmerbach fallen die beiden Wartberge, einstmalige Bryozoenriffe, durch ihre abgeplattete Gipfelform auf. Bryozoen bildeten einst im Zechsteinmeer korallenartige Kalkabscheidungen, die heute noch zahlreiche Fossilfunde einer vergangenen Ära ermöglichen. Kleinere Kupferschiefervorkommen, ebenfalls Sedimente des Zechsteinmeeres, wurden im Mittelalter, z. B. zwischen Tabarz und Fischbach, abgebaut. Haldenreste und verfallene Grubenlöcher künden noch von dieser Tätigkeit. Auch Gips und Anhydrit entstanden Ende des Paläozoikums. Die kristalline Form dieses Kalziumsulfats ist als Marienglas bekannt. Die Friedrichrodaer Marienglashöhle, ein empfehlenswertes Wanderziel, ist Zeuge des Bergbaus.

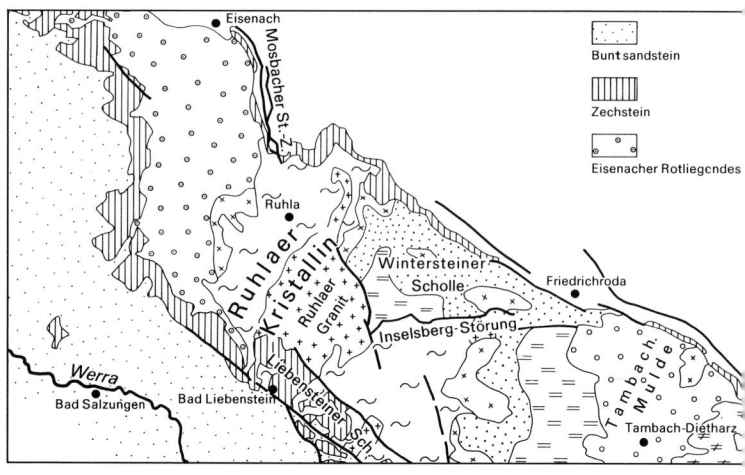

Roter Turm am Rande des Lauchagrundes bei Tabarz

Eisenach

Mosbacher St.-Z.

Ruhla

Ruhlaer Kristallin

Ruhlaer Granit

Wintersteiner Scholle

Friedrichroda

Inselsberg-Störung

Liebensteiner Sch.

Werra

Bad Salzungen

Bad Liebenstein

Tambacher Mulde

Tambach-Dietharz

Buntsandstein

Zechstein

Eisenacher Rotliegendes

6

Im Hügelland sind es Gesteine der Triasperiode, mit der das Erdmittelalter begann. Sie wirken hier landschaftsprägend. Der bekannte Burgberg bei Waltershausen mit dem Schloß Tenneberg besteht aus Muschelkalk, während nach Gotha hin bröckeliger Keupermergel stärker in Erscheinung tritt. Dort löst intensiver Ackerbau die am Nordrand des Thüringer Waldes dominierende Weidewirtschaft ab.

Das mehr oder weniger ozeanisch geprägte Regionalklima des Inselsberggebietes unterscheidet sich durch höhere Niederschläge (um 1200 mm/Jahr) und niedrigere Jahresdurchschnittstemperaturen (4–5 °C) vom wesentlich trockneren und wärmeren Klima des Hügellandes (Gotha: 567 mm/Jahr; 7,2 °C Durchschnittstemperatur).

Geologische Strukturen und klimatische Bedingungen sind die Ursache für die Ausbildung einer mannigfaltig strukturierten Flora und Fauna. Während in der Hügellandstufe um Gotha und am Rande des Thüringer Beckens Eichen-Hainbuchen-Wälder typisch sind, gehen diese Vergesellschaftungen mit zunehmender Höhenlage und der damit verbundenen größeren Niederschlagsmenge in Buchenwälder über, die dann ihrerseits im montanen Bereich (etwa ab 700 Meter Höhenlage) von Fichtenwäldern abgelöst werden. Im Inselsberggebiet kommt die Rotbuche sogar bis zur Gipfelregion vor. Diese Zonierung ist auch im beschriebenen Wandergebiet klar erkennbar (vgl. auch Kap. Naturdenkmale).

Noch gibt es am Inselsberg einige Bäche mit kristallklarem Wasser, doch bereits an den Ortsgrenzen der Kurorte ändert sich der Zustand beängstigend. Wenn die Emse Winterstein, die Laucha Tabarz oder das Schilfwasser Friedrichroda verläßt, hat sich der Wasserzustand erheb-

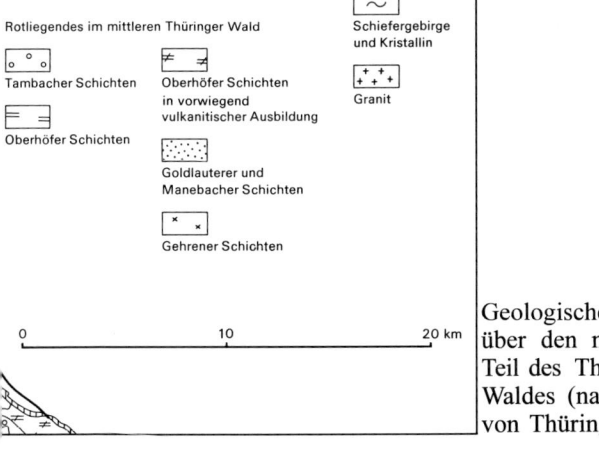

Rotliegendes im mittleren Thüringer Wald

Schiefergebirge und Kristallin

Tambacher Schichten

Oberhöfer Schichten in vorwiegend vulkanitischer Ausbildung

Granit

Oberhöfer Schichten

Goldlauterer und Manebacher Schichten

Gehrener Schichten

0   10   20 km

Geologische Übersicht über den nordwestlichen Teil des Thüringer Waldes (nach Geologie von Thüringen 1974)

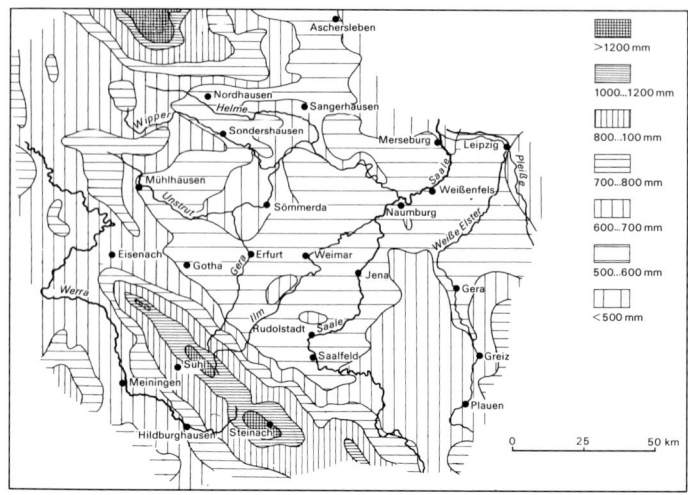

Verteilung der durchschnittlichen Jahresniederschläge
in Thüringen (nach Geologie von Thüringen 1974)

lich verschlechtert. In der einstmaligen Äschenregion der
Bäche im Hügelland lebt kaum noch ein Fisch. Forelle,
Groppe und Bachneunauge kommen nur noch zwischen
Quelle und der ersten Ortschaft vor, die ein Bergbach
durchfließt. Im sauerstoffreichen und kühlen Wasser in-
takter Bergbach-Ökosysteme leben, gleichsam als Eiszeit-
relikte, seltene Eintagsfliegenarten. In Bergbächen und
kleinen Teichen laicht auch der bestandsgefährdete Feuer-
salamander. Während er als Larve mit Kiemenatmung
seine Jugend im eisigen nassen Element verbringt, geht
das erwachsene Tier in naturnahen Buchenmischwäldern
auf Jagd nach Schnecken und kleinen Würmern. Wo gibt
es aber noch solche Lebensräume in direkter Nähe? Wenn
man nach einem Gewitterregen oder an nebelfeuchten
Tagen im Lauchagrund oder im Ungeheuren Grund bei
Friedrichroda spazieren geht, kann noch manch ein gelb-
schwarz gefleckter Geselle beobachtet werden.

In kleinen Bergteichen kommen, wenn auch sehr selten,
noch Geburtshelferkröten vor. Die männlichen, unschein-
bar schwärzlichen Tiere haben Laichschnüre um die Hin-
terbeine gewickelt und bewegen sich zur besseren Sauer-
stoffversorgung des heranwachsenden Lebens durch das
Wasser. Auf Kahlschlägen und in Schonungen kann auch
noch die Kreuzotter (z.B. Gänsekuppe bei Friedrichroda,
Zimmerberg und Übelberg bei Tabarz) auftreten. Leider
ist diese heimische Schlangenart, wie übrigens auch die
Zauneidechse, in den letzten Jahren so selten geworden,
daß sie als bestandsgefährdet eingestuft werden mußte.

Herbstliches Waldbild unterhalb des nebelverhangenen Inselsberges

Wandern Sie mit offenen Augen durch unsere heimatliche Natur, genießen Sie ihre Schönheit, und werden Sie sich ihrer Werte bewußt.

Der Große Inselsberg

Berge sind keine Grenzen: meist verbinden sie sogar als Fixpunkte in der Landschaft Menschen miteinander. Das trifft auch für den Großen Inselsberg zu, der über Jahrhunderte ein Symbol gemeinsamer Thüringer und Fränkischer Geschichte war. Bei guter Fernsicht schaut man von hier bis in die Hohe Rhön zur Wasserkuppe oder nördlich zum Brocken, der höchsten Erhebung des Harzes.

Von den Bergen des Thüringer Waldes ist der Große Inselsberg mit seinen 916 m ü. d. M. zwar nicht der höchste, aber doch der bekannteste Gipfel. Er erhebt sich als markanter Kegel beinahe 200 m über das Niveau des Rennsteigs, des so bekannten Grenz- und Wanderweges, und damit über die Kammlagen des Mittelgebirges. Harte Quarzporphyre, Ende des Erdaltertums durch Vulkanismus entstanden, trotzten etwa 250 Millionen Jahre den geologischen Abtragungsprozessen.

Noch im Mittelalter war der Berg, der inmitten ausgedehnter Wälder liegt, nur wenigen Menschen bekannt. Erst unter der Herrschaft Herzogs Ernst des Frommen begann eine planmäßige Erschließung des bis dahin so abgeschiedenen Gipfels. Der Landesherr ließ ein kleines, achteckiges, turmähnliches Häuschen mit Erdgeschoß für Stall und Küche und einer Etage mit zwei Stuben errichten. Am 17. August 1649 wurde das Gebäude eingeweiht.

Ein Besuch des Inselsberges war auch nach dem Dreißigjährigen Krieg nur wenigen vergönnt. Mit dem der Naturwissenschaft, besonders der Astronomie und Mathematik, so aufgeschlossenen Herzog Ernst II. von Sachsen-Gotha und Altenburg begann eine zweite Etappe der Erschließung des Gipfelplateaus. Er ließ 1774 ein kleines Observatorium für astronomische Forschung und Landesvermessung errichten, und am 20. Juni des gleichen Jahres, zur Sommersonnenwende, war kein geringerer als Goethe Gast Ernst II. Nach dem Tode des Herzogs 1804 wurde 1810 das Observatorium erweitert. Als die spätere britische Königin Victoria als 15jährige mit Leiterwagen von Liebenstein über den Dreiherrnstein den Inselsberg erklommen hatte, konnte sie neben dem Observatorium noch das kleine, baufällige Türmchen aus der Zeit Herzogs Ernst des Frommen sehen, das 1836 abgerissen werden mußte. Victoria, die 1840 den Coburger Prinzen Albert ehelichte, schrieb als Königin von 1837 bis 1901 ein ganzes Kapitel Geschichte des britischen Imperiums. Ihr Gemahl Albert, im Schloß Rosenau bei Coburg geboren, war Bruder des Herzogs Ernst II. von Sachsen-Coburg und Gotha, der von 1844 bis 1893 regierte. Albert und Victoria, die das derzeit bereits in der fünften Generation regierende „Haus Sachsen-Coburg" (Windsor) in Großbritannien begründeten, verlebten im Tal der Rosenau

Historische Aufnahme vom Plateau des Inselsberges aus dem Jahre 1906

Gruss vom Inselsberg.   Trigonometrische Station.   2. September 1906.
Verlag A. Timm, Gotha.

am südlichen Thüringer Wald viele glückliche Tage. Victoria äußerte sich über die herrliche Landschaft mit den Worten: „Und wäre ich nicht, was ich bin – hier würde mein wirkliches Zuhause sein." Nicht nur die Liebe zu ihrem Manne, sondern auch Wertschätzung und Verehrung gegenüber Land und Leuten Frankens und Thüringens sprechen aus diesen Worten, die sie 1845 äußerte.

Zurück zum Inselsberg! Das Observatorium wurde noch in der ersten Hälfte des 19. Jahrhunderts als „Hessische Herberge" genutzt. Hier verlief die Landesgrenze zwischen Hessen und Thüringen. Auf hessischem, später preußischem Gebiet (seit 1866) entstand die Gaststätte „Preußischer Hof", heute als **„Berggasthof Stöhr"** bekannt. Jeden letzten Januarsonntag findet nun schon seit 1934 hier das Treffen von Natur- und Wanderfreunden aus Thüringen statt. 1851 entstand auf Gotha-Coburger Land der **„Goth' sche Hof"**, der heute sich als **Hotel „Stadt Gotha"** präsentiert. Gepflegte Speisen und Getränke laden in beiden gastronomischen Einrichtungen zum Verweilen ein. Bis in die dreißiger Jahre unseres Jahrhunderts hinein gab es einen kleinen hölzernen Aussichtsturm, der in der nationalsozialistischen Zeit einem großen Turm weichen mußte, der ehemals als Fernsehsender fungierte und auch jetzt der Öffentlichkeit nicht zugänglich ist. Zwischenzeitlich wurde ein moderner stählerner Sendemast errichtet. Vor einigen Jahren erfolgten umfangreiche Rekonstruktionsmaßnahmen auf dem Plateau, die bis in jüngste Zeit noch keinen Abschluß gefunden haben.

Heute suchen wir Ruhe und Abgeschiedenheit auf dem Inselsberg vergebens, aber dafür hält er immer wieder neue Eindrücke bereit: Orkanähnliche Stürme, dahinhetzende Nebelschleier oder auch, besonders bei Inversionswetterlagen, eine **herrliche Aussicht**, nicht nur bis zur Wartburg, zum Thüringer Becken und zur Oberhofer Höh´, sondern auch, wenn man etwas Glück hat, bis zu den Bergen der Rhön, zum Hohen Meißner ins Hessische und sogar bis zum Brocken im Harz oder zum Ettersberg bei Weimar. Unvergeßlich sind die Blicke vom thüringischen Rigi. Dem aufmerksamen Betrachter der Landschaft bleiben ebenso die Türme des Gothaer Schlosses Friedenstein wie auch die Veste Wachsenburg nicht verborgen. Dolmar und Gleichberge bei Römhild sind richtungsweisend für Sichten auf der anderen Seite zum Frankenland hin.

Am Inselsberg finden wir die höchstgelegenen Rotbuchenwälder Thüringens. Hier verjüngt sich die vorwiegend westeuropäisch verbreitete Baumart noch auf natür-

Blick vom Großen Inselsberg

lichem Wege. In den Beständen treten Gemeine Fichte und Bergahorn nur als Beiholzarten auf, und in der Kraut-schicht der Vegetation wachsen Farne neben dem mon-tanen Europäischen Siebenstern. Harz-Labkraut, Wolliges Reitgras und andere Bergwaldpflanzen gesellen sich hin-zu. Auf den nährstoffarmen und sauren flachgründigen Böden hat sich eine charakteristische Vergesellschaftung ausgebildet, die früher einmal für große Teile unserer Mit-telgebirge bezeichnend war. Durch übertriebene Fichten-monokulturen wurden solche Vegetationsformen stark zurückgedrängt, und heute macht uns der Niedergang solcher „Stangenholzplantagen", forciert durch unverant-wortliche Luftverschmutzung, ernste Sorgen. Die Anteile der widerstandsfähigeren Rotbuche sollen in der Forst-wirtschaft wieder planmäßig erhöht werden. Dabei dient der naturnahe Wald am Inselsberggipfel der Forstwissen-schaft geradezu als Lehrbeispiel für den montanen Be-reich, will man doch wieder von künstlicher zu natürlicher Bestandsbegründung übergehen! Daher ist das gesamte Inselsberggebiet, mit Ausnahme des Plateaus, **Natur-schutzgebiet**. Es hat eine Größe von mehr als 140 Hektar, und einige Bereiche, vor allem an den Klippen der Reit-steine, sind Totalreservat. Der wachsende Tourismus wird auch neue Probleme bringen. Der Autor möchte darauf hinweisen, daß ein Verlassen der Waldwege im Schutzge-biet nicht gestattet ist. Von Naturfreunden und Wanderern wird einfach ein hohes Maß an Verantwortung gegenüber der Natur erwartet! Wir können es auch nicht zulassen, daß die Skiabfahrtspiste erweitert wird. Die ohnehin an der Grenze ihrer ökologischen Toleranzbereiche stehen-den Buchenbestände werden stark geschädigt, wenn un-verantwortliche Sportler Abfahrtslauf im Wald betreiben und dabei mit den messerscharfen Kanten ihrer Ski den

Jungwuchs regelrecht „abrasieren". In Zukunft muß mit aller Konsequenz, auch unter dem Aspekt sofortiger Bestrafung solcher Delikte, vorgegangen werden.

Wenn Sie dem Inselsberg oder „mons insularis", wie ihn Herzog Friedrich von Sachsen-Gotha und Altenburg im 18. Jahrhundert. ehrfurchtsvoll nannte, einen Besuch abstatten, genießen Sie seine Schönheit und werden Sie sich bewußt, daß auch Sie Ihren Beitrag zum Schutz unserer herrlichen heimatlichen Natur leisten können, indem Sie sich rücksichtsvoll verhalten und andere Menschen aufklären!

Geschichte, Wirtschaft, Bevölkerung

Ein Blick in die **Geschichte** ist wie ein Blick in eine weite Landschaft: Mit der Entfernung verlieren sich die Einzelheiten, nur die größeren Konturen bleiben erkennbar. Können wir es als glücklichen Zufall ansehen, daß die ersten zweihundert Jahre der schriftlich überlieferten Geschichte dieser Gegend eine politisch bedeutende, eine „große" Zeit waren?

Es war die Zeit der mächtigen Salier und Staufer, der deutschen Könige und Kaiser des Heiligen Römischen Reiches Deutscher Nation. Und die Ludowinger, das Stammgeschlecht der **Thüringer Landgrafen**, hatten an diesen Ereignissen einen wesentlichen Anteil, das Geschlecht entstand und verging mit dieser Zeit.

Unsere Geschichtsbetrachtung beginnt um das Jahr 1030 mit Graf Ludwig mit dem Barte, der sich damals in der Gegend am Fuße des Inselsberges ansässig machte. Von seinem ersten Wohnsitz bei Altenbergen zog er 1044 auf die Schauenburg bei Friedrichroda um. Durch das Wohlwollen Kaiser Heinrichs III. konnte er sein Besitztum beachtlich vermehren. Heinrich III. und Graf Ludwig starben 1056.

Ludwig der Springer, der Sohn des Bärtigen, konnte seinen Besitz weiter erheblich ausdehnen; er bezog auch 1069 die Wartburg bei Eisenach, die Residenz der späteren Thüringer Landgrafen. Bald geriet Ludwig als einer der führenden Landesfürsten in Streit mit Kaiser Heinrich IV., der sich mit dem Papst in Rom überworfen hatte. Es war wohl eine gewisse Gleichheit der Interessen, welche zu einer Verbindung zwischen Graf Ludwig und der Kurie in Rom führte. Unmittelbare Folge eines Besuchs von Ludwig in Rom war 1085 die **Klostergründung** im stillen Tal von Reinhardsbrunn durch Hirsauer Mönche aus

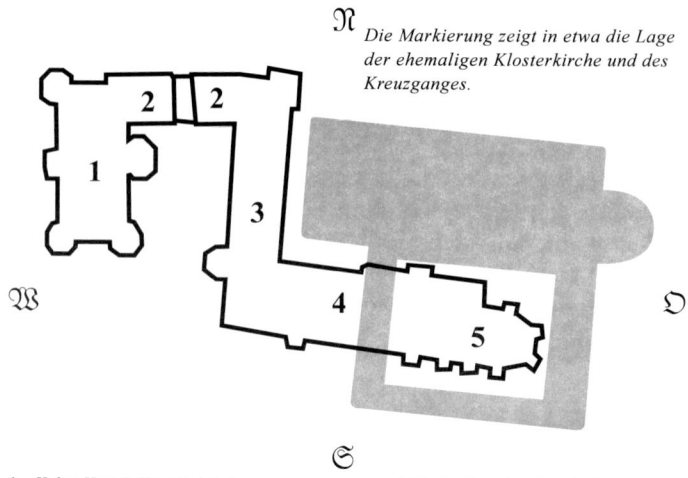

℟ *Die Markierung zeigt in etwa die Lage der ehemaligen Klosterkirche und des Kreuzganges.*

1. „Hohes Haus", Hauptgebäude
2. Saalhaus, Einfahrtsgebäude (mit Ahnensaal)
3. Hirschgalerie (ehemaliges Amtshaus)
4. Kirchgalerie (zur Zeit der Herzogin Dorothea Maria Wohnhaus)
5. Kirche

Grundriß der Schloßanlage Reinhardsbrunn (nach Lehfeldt 1891)

Schwaben, deren erster Abt Giselbert ein bedeutender Wanderprediger war. Sie übten damals einen beachtlichen Einfluß auf die öffentliche Meinung aus. Zu jener Zeit waren die Klöster Zentren der Kultur, neben Bildung und Gelehrsamkeit vermittelten sie auch praktische Kenntnisse und Erfahrungen für den Acker- und Weinbau.

Für das Territorium bedeutete das Kloster zunächst an sich einen Gewinn. Von Ludwig dem Springer erhielt die Abtei ein beträchtliches Landstück um Friedrichroda mit einer Reihe von Ortschaften und der Schauenburg. Über 400 Jahre lang gehörte das Gebiet den Benediktinern von Reinhardsbrunn. Da das Kloster schnell reich und mächtig wurde, kann man daraus schließen, wie wichtig es als Mittler zwischen Rom und den Ludowingern gewesen sein mußte. Mit dem Tod Heinrich Raspes 1247 verlor es diese Rolle. Drei Jahre später starb auch Kaiser Friedrich II., und damit war der Kampf um eine starke Zentralgewalt im Reich für lange Zeit verloren, die „große Zeit" war vorüber. Ihr schlimmes Ende mit Interregnum im Reich und Erbfolgekrieg in Thüringen trug wohl auch dazu bei, diese Epoche später zu verklären und zum Gegenstand deutscher Träume werden zu lassen. Viel Greif- und Sichtbares ist nicht geblieben aus jener glänzenden Vergangenheit: ein Mauerrest auf der Schauenburg und ein paar Überbleibsel von der ehemaligen Klosteranlage in Reinhardsbrunn. Das Kloster wurde im Bauernkrieg 1525 zerstört, sein Besitz von Kurfürst Johann von Sachsen

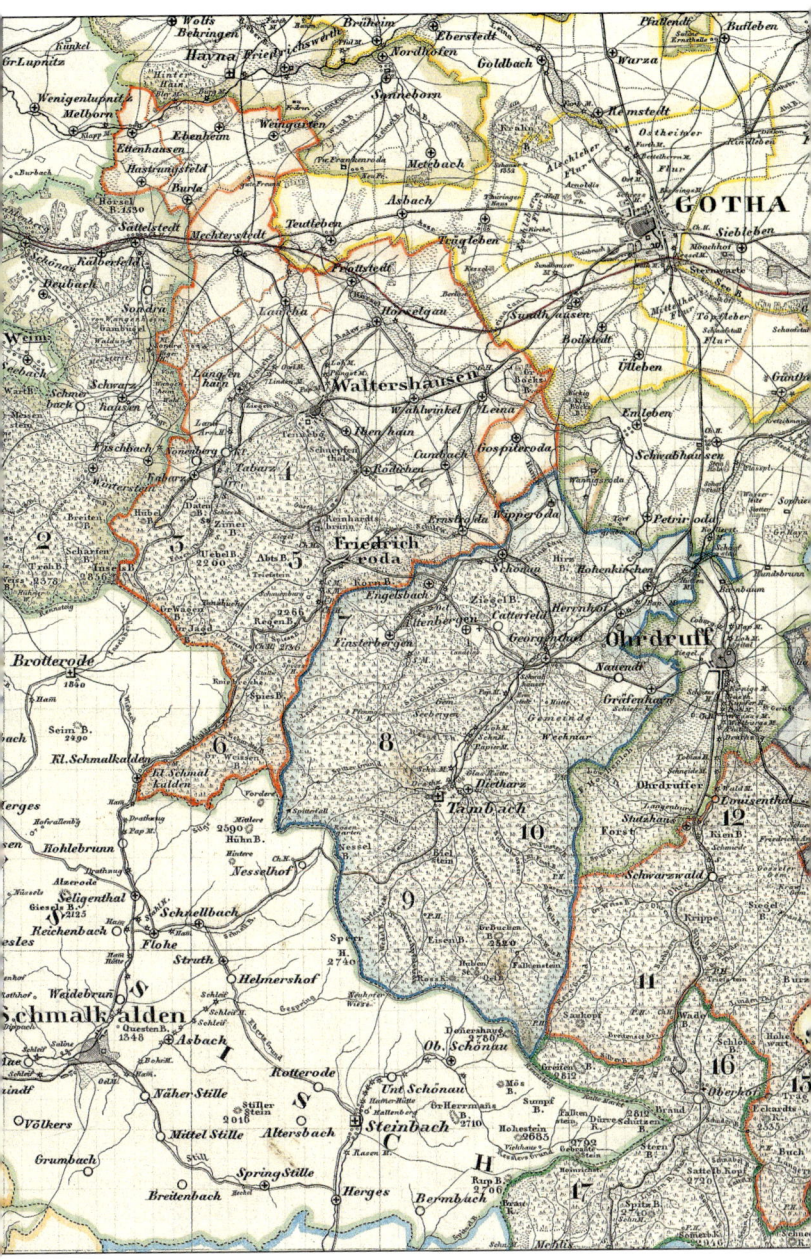

Ausschnitt aus einer Karte des Herzogtums Gotha von 1839

1543 säkularisiert. Dabei entstand das Amt Reinhards-brunn mit 12 Dörfern. 1607 wurde ein kleines Jagdschloß gebaut. Der heutige Schloßbau entstand erst 1827–1835 unter Herzog Ernst I. von Sachsen-Coburg und Gotha.

Nun ein Blick auf die **Ortschaften** und ihre **Bewohner!** Mit der letzten großen Rodungsperiode in Mitteldeutschland um das Jahr 1030 wurde der Waldanteil fast schon auf seinen heutigen Stand zurückgedrängt. Die meisten Ortschaften im Raum Friedrichroda entstanden zu dieser Zeit. Viele Ortsnamen enden auf -rode, -bach, -berg(en), -thal, auffällig anders klingen Tabarz, Cabarz, Dietharz. Wahrscheinlich sind die Siedler aus verschiedenen Gegenden eingewandert, worauf auch noch heute hörbare Unterschiede in den Dialekten hinweisen. Friedrichroda muß um 1040 schon durch die Nähe der Schauenburg eine gewisse Sonderstellung im Territorium erlangt haben, die es während der Klosterzeit noch ausbaute.

Die **Landwirtschaft** bildete bis ins vorige Jahrhundert hinein die Haupterwerbsquelle. Da der Feldbau im Gebirge nicht so ertragreich ist, dominierte die Viehhaltung. Die „Waldhut" war ein Privileg, das sich die Einwohner gegen alle Anfechtungen über Jahrhunderte sichern konnten – die Kuhherde im Walde war bis in die 60er Jahre unseres Jahrhunderts ein „Wahrzeichen" der Mittelgebirgslandschaft. Neben Rindern und Schafen wurden auch Schweine, Ziegen und vor allem Pferde gezüchtet, die vor allem das Fuhrmannsgewerbe brauchte.

Daneben entwickelten sich weitere Erwerbszweige, so aufgrund besonderer geologischer Verhältnisse des Thüringer Waldes verschiedene Bereiche des **Bergbaus**: Eisenerz, Kupferschiefer, Kalk, Gips und Spat, ja sogar Kobalterz und Steinkohle wurden zeitweise abgebaut. Bergbau auf Kupfer gab es in den frühen Jahrhunderten vor allem im Zechsteingebiet von Cabarz (Tabarz) und Fischbach, allerdings waren die Funde nicht sehr ergiebig. Wichtiger war der Abbau von Eisenerz im Gebiet von Friedrichroda und Tabarz. Im älteren Rotliegenden fanden sich vom Gottlob über Wolfstieg und Abtsberg bis zum Zimmerberg und Rotenberg Adern von Hämatit und Glaskopf, die bei günstiger Ausbeute ein gutes Eisen ergaben. Bereits im 15. Jahrhundert soll der Eisenerzbergbau um Friedrichroda betrieben worden sein, die Blütezeit fiel ins 17. und 18. Jahrhundert. Die bedeutendste Grubenanlage befand sich im Bereich Wolfstieg und Abtsberg. Die heute weithin bekannte **Marienglashöhle** war um das Jahr 1770 als Stollen für den Erzbergbau angelegt worden, nur durch Zufall stieß man auf die Kammern mit dem Marienglas.

Schmelzhütten arbeiteten „Im Grund" bei Friedrichroda, in Reinhardsbrunn, wo im 30jährigen Krieg Kanonenkugeln gegossen wurden, sowie bei Tabarz und Langenhain. Im 18. und 19. Jahrhundert fuhr man das Erz zur Verhüttung in die größere Anlage nach Luisenthal. Mit der beginnenden Industrialisierung und dem verstärkten Handel im 19. Jahrhundert konnte sich der Bergbau hier nicht mehr behaupten. Letzte Versuche zur Mangangewinnung im ersten Weltkrieg wurden bald wieder aufgegeben, und auch der Betrieb einer Steinkohlengrube im Lauchagrund nach 1945 erwies sich als unrentabel. Glücklicherweise blieb damals auch die Suche nach Uranerz ergebnislos.

Neben dem Bergbau betrieben die Einwohner von Friedrichroda noch ein anderes und insgesamt einträglicheres Gewerbe: die **Leinenbleicherei**. Die natürlichen Voraussetzungen waren hier günstig. Das breite Tal bot Platz für die Bleichrasen, Wasser wurde vom Bach und aus Brunnen herbeigeführt, und am Nordrand des Gebirges sorgten Föhnwetterlagen für zusätzlichen Sonnenschein bei klarer Luft. Das Bleichgut wurde überwiegend aus dem Thüringer Vorland besorgt, es bestanden aber auch weiterreichende Handelsverbindungen, z. B. nach Hessen, Sachsen und Franken. Die für den Waschprozeß benötigte Buchenasche (Pottasche) bezog man zumeist aus dem Eichsfeld. Das Gewerbe wurde über Jahrhunderte mit Erfolg betrieben. Der wirtschaftliche Erfolg von Bleicherei und Bergbau, aber auch anderer Handwerks- und Gewerbezweige wurde 1597 mit Verleihung des Stadtrechts an Friedrichroda anerkannt.

Die rege Handelstätigkeit ernährte auch den **Fuhrmannsstand**, der besonders in Finsterbergen ansässig war. Die Kleinstaaterei im Raum Thüringen behinderte jedoch die Gewerbetätigkeit sehr, und so erlag die Friedrichrodaer Bleicherei Mitte des 19. Jahrhunderts der Konkurrenz. Ein bedeutender Erwerbszweig wurde allerdings die Lohnwäscherei, die den Ort Engelsbach den Ruf als „Waschküche Thüringens" einbrachte.

Mit der Industrialisierung und der Zollunion gerieten die Waldorte in größere wirtschaftliche Schwierigkeiten. Durch Heimarbeit versuchten die Bewohner ihre Existenz zu erhalten. Da zeigte der beginnende **Fremdenverkehr** überraschend einen Ausweg auf.

1829 begann Herzog Ernst I. von Sachsen-Coburg und Gotha mit dem umfangreichen Ausbau des Schlosses in Reinhardsbrunn, viele Gäste weilten in der beliebten Sommerresidenz. Auch der Verleger Friedrich Perthes aus Gotha wollte 1837 seinen Urlaub hier verbringen, da er aber keinen Platz fand, zog er ins Haus des Schloßkastellans nach Friedrichroda und entdeckte die Schönheit der Umgebung dieses stillen Städtchens.

Historische Gebäudeansichten bekannter Ausflugsziele im
Raum Friedrichroda um 1900

Als – durch die Eisenbahnen und den allgemeinen
wirtschaftlichen Aufschwung begünstigt – nach der Mitte
des 19. Jahrhunderts der Urlaub in einer „Sommerfrische"
in breiten Kreisen der bürgerlichen Gesellschaft Mode
wurde, war Friedrichroda schon bekannt und vorbereitet.
So konnte es sich rasch zum bedeutendsten Kurort Thüringens entwickeln. Der Ort hatte sich völlig gewandelt,
prächtige Villen im Schweizerstil prägten das Bild. Städti-
scher Komfort machte das Leben der Gäste hier ange-
nehm und der Kur- und Badebetrieb begann. 1876 wurde
der Bau der Bahnlinie Fröttstädt–Friedrichroda vollendet.
Im gleichen Jahr begann der Fremdenverkehr für Tabarz,
Finsterbergen folgte 1888. Vor dem ersten Weltkrieg erleb-

te der Kurort Friedrichroda den Höhepunkt seiner Entwicklung. Der Tourismus weitete sich immer noch aus, aber andere Reiseziele wurden nun attraktiver. Dennoch behielt der Fremdenverkehr auch für Friedrichroda, Tabarz und Finsterbergen seine Bedeutung, mehr und mehr Gäste schätzten nun auch einen ruhigen Urlaub in den kleinen Ortschaften wie Engelsbach und Winterstein.

Am Ende des zweiten Weltkriegs wurde Friedrichroda durch einen Luftangriff recht schwer getroffen, und die Eroberung durch amerikanische Truppen hinterließ weitere Schäden. Durch die politischen Ereignisse nach 1945 wurde der Thüringer Wald von seinem hessisch-bayrischen Hinterland abgetrennt. Andererseits war die Bevölkerung der 1949 gegründeten DDR auf die Erholungsmöglichkeiten im eigenen Land weitgehend angewiesen. Die Zahl der Urlauber nahm seit 1952 erheblich zu, weil die neue Konzeption für die Erholungsorte hauptsächlich die Erhöhung der Übernachtungsmöglichkeiten vorsah, die notwendige Infrastruktur konnte aber nicht im erforderlichen Maße entwickelt werden. Auch Dörfer wie Fischbach, Winterstein und Engelsbach wurden nun voll in den Fremdenverkehr einbezogen. Mit mehr als 100 000 Urlaubern pro Jahr allein in Friedrichroda wurde in den siebziger Jahren die Grenze des Erträglichen überschritten. Im Jahre 1989 wurde diese Entwicklung im Zuge der politischen Veränderungen gestoppt. Zwischenzeitlich hat sich der Tourismus auf ein vertretbares Maß eingependelt. Die touristische Infrastruktur ist noch nicht in allen Bereichen flächendeckend ausgebaut.

In Friedrichroda hat heute neben dem Erholungswesen auch die **Kleinindustrie** eine gewisse Bedeutung (Herstellung von Gummi- und Plasterzeugnissen, Spielwaren, elektronischen Bauelementen u. a.). Winterstein konnte seinen Charakter als Walddorf und Luftkurort wahren. Die Kurorte Tabarz und Finsterbergen und die kleineren Ortschaften (Schmerbach, Fischbach, Engelsbach und Winterstein) sind auf den Tourismus ausgerichtet, nur die Landwirtschaft spielt daneben noch eine Rolle.

Wanderrouten

Das Wanderwegenetz in Thüringen untergliedert sich in Hauptwanderwege *(blaue Markierungssymbole auf weißem Grund)*, Gebietswanderwege *(rote Markierungssymbole auf weißem Grund)* und Ortswanderwege *(grüne und gelbe Markierungssymbole auf weißem Grund)*, wobei ein

großer Teil dieser Wanderwege Rundwanderwege sind.
Der *grüne Diagonalstrich* in
den Wanderkarten steht für
Natur- und andere Lehrpfa-
de, die in der Natur meistens
mitcharakteristischenSymbo-
len markiert sind. In Ausnah-
men wird *der gelbe Ring*
mit Ziffern für spezielle
Rundwanderwege genutzt. Die
meisten Orte haben einen
Wandertreff, wo alle Ortswanderwege beginnen bzw.
den die Haupt- und Gebietswanderwege tangieren.

Als Hauptwanderweg durchläuft der mit dem *blauen
Andreaskreuz und dem weißen* „R" gekennzeichnete
Rennsteig unser Wandergebiet. Er wird oft von Mehrtags-
wanderern benutzt.

Des weiteren verlaufen durch unser Wandergebiet zwei
Gebietswanderwege. Der eine, von Eisenach kommend,
berührt fast alle im folgenden Text beschriebenen Orte
und erreicht nach 73 km Geraberg. Die Route ist mit
einem *roten Punkt* markiert und schneidet auch sehr viele
örtliche Wanderwege. Mit einem *roten Strich* versehen,
verläuft ein weiterer Gebietswanderweg vom Großen
Hörselberg über den Großen Inselsberg, weiter um das
Talsperrensystem bei Tambach-Dietharz, halb um die
Ohratalsperre in den Silbergraben bis nach Oberhof.

Im Winter stellt der Kammbereich des Thüringer
Waldes mit dem Rennsteigweg ein ausgezeichnetes Ski-
wandergebiet dar. Schneehöhen von über einem Meter
Mächtigkeit sind keine Seltenheit. Für die Freunde des
Skilanglaufes stehen gut markierte Loipen und Skiwan-
derwege, die zum größten Teil auch gespurt sind, zur
Verfügung. Die meisten Touristenorte sind durch eigene
Loipen mit dem Rennsteig verbunden.

Zwischenzeitlich wurde ein neuer Hauptwanderweg
konzipiert und teilweise in seinem vorläufigen Verlauf
schon markiert – der „Thüringenweg", (*blauer Punkt*).
Er verläuft von Creuzburg, hinter Eisenach, durch die
Höhenzüge des Thüringer Beckens bis nach Altenburg.
Vorbei führt er an vielen alten Burgen und Burgruinen,
Zeugen der früheren Kleinstaaterei. In unserer Region
begleitet er uns auf den bereits ausmarkierten Gebiets-
wanderwegen.

Rennsteigwanderungen in unserer Wanderregion
(weißes „R" und blaues Andreaskreuz)

Der Rennsteig ist ein sehr stark begangener Wanderweg. Auf ihm verlaufen bedeutende Fernwanderwege, so der „EB-Weg", ein Teilstück des E 3 (Europäischer Fernwanderweg Atlantik-Ardennen-Rhön-Sudeten-Karpaten-Schwarzes Meer – ca. 8 000 km). Er ist 750 km lang und führt von der Wartburg bei Eisenach bis nach Budapest. Er ist mit dem blauen Andreaskreuz markiert, und an markanten Standorten ist das EB-Zeichen angebracht. Zu diesem Wanderweg gibt es ein spezielles Wanderbuch. Wanderstempel bekommt man in unserer Region in den Gaststätten auf dem Große Inselsberg, an der Grenzwiese und im Berghotel Ebertswiese.

Im Ergebnis der deutschen Wiedervereinigung entstand der „Wanderweg der deutschen Einheit". Auch für diesen Wanderweg wurde der Rennsteig als Route gewählt. An markanten Standorten wird der Wegeverlauf in Form von kleinen Schildern verdeutlicht. Den Initiatoren sollte man dafür danken, daß nicht auch noch eine eigenständige Wegemarkierung für diese Route erdacht worden ist – Grundlage sind unsere markierten Wanderwege!

Der Rennsteig ist in unserer Region fast ausschließlich in naturnahem Zustand, und nur wenige Kilometer sind als Fahrstraße ausgebaut. Ansonsten wird dieser Weg nur von einer Schar nie endenden Wandervolkes benutzt und dient gleichzeitig den Forstbetrieben für Pflegemaßnahmen bei der Bewirtschaftung des Waldes. Erkennbar ist der Rennsteig nicht nur an seiner guten Markierung mit dem *weißen R und dem blauen Andreaskreuz* oder der sehr ins Auge fallenden guten Ausschilderung an überdachten Zwieseln, sondern auch an der Vielzahl der noch vorhandenen alten Grenzsteine (Rennsteigsteine). Diese sind früher durchgehend numeriert gewesen. Auf ihnen sind die Grenzländer mit Abkürzung angegeben, so bedeutet u.a. „H" Hessen, „T" Tenneberg (Waltershausen), „S" Sachsen-Coburg-Gotha

Der Autor empfiehlt, die öffentlichen Buslinien, die über die Paßstraßen führen und auf dem Gebirgskamm überall Haltestellen besitzen, zu nutzen. Dabei ist ein Abwandern von Ost nach West besonders empfehlenswert, verliert doch das Gebirge in dieser Richtung generell immer mehr an Höhe. Die Haltestellen befinden sich am Grenzadler bei Oberhof, an der Neuen Ausspanne bei Tambach-Dietharz, am Heuberghaus bei Friedrichroda, an der Grenzwiese (Fahrstraße Tabarz-Brotterode sowie an der Glasbachswiese (Straßenkreuzung Winterstein-Bad Lieben-stein/Ruhla-Brotterode. An all diesen Haltestellen befin-den sich auch große Parkplätze für Pkw und Busse.

Hier noch die Entfernungsangaben vom Grenzadler bei Oberhof bis zur Glasbachswiese (einschließlich der bedeutendsten Sehenswürdigkeiten):
Grenzadler – Neue Ausspanne: 12 km *(Hohe Möst, Gustav-Freytag-Stein, Schorn, Wachsenrasen/Falkenstein*
Neue Ausspanne – Ebertswiese – Heuberghaus: 10 km
(Alte Ausspanne/Lutherweg, Ebertswiese/Bergsee, Possen-röder Kreuz)
Heuberghaus – Grenzwiese: 4 km
(Tanzbuche/Regenbergstein, Grenzwiese/Sommerrodelbahn)
Grenzwiese – Großer Inselsberg – Dreiherrnstein – Glas-bachswiese: 9 km
(Inselsberg, Beerberggrotte, Dreiherrnstein, Gerberstein)

Der Thüringenweg

Er verläuft auf bereits markierten Wanderwegen, erhält aber den *blauen Punkt* als eigenständiger Weg.

Dieser Wanderweg beginnt am Bahnhof in Altenburg und verläuft teilweise durch das Thüringer Becken, das Vor-gebirge des Thüringer Waldes bis zum Rennsteig und dann wieder durch das vordere Bergland unterhalb des Kam-mes des Thüringer Waldes nach Eisenach, danach zur Burg-ruine Brandenburg und von dort nach Creuzburg an der Werra. Für diese Wanderung gibt es einen Wanderpaß, und man kann ein Wanderabzeichen in drei Stufen erringen.

Hier ein kurzer Wegeverlauf in unserer Wanderregion. Von Luisenthal kommend, kreuzt der Weg den Wander-treff in Georgenthal und verläuft dann auf dem Gebiets-wanderweg *(roter Punkt)* bis zum Meisenstein bei Winter-stein. In Georgenthal geht es am Schwimmbad vorbei nach Catterfeld - ein Dorf ohne eigene Dorfkirche! - und durch den Ortsteil Altenbergen hinauf zum Candelaber. Hier steht eine Erinnerungssäule an Bonifatius. Weiter geht es auf dem Kirchweg zum Hainfelsen mit seinem herrlichen Panoramablick auf Finsterbergen. Der Abstieg dorthin erfolgt durch das Leinatal. Vom Wandertreff führt nun der Weg zur Hüllrodtbaude und weiter über den Philosophenweg nach Friedrichroda zum Wandertreff im Puschkinpark. An prächtigen alten Pensionshäusern vor-bei, geht es zur Marienglashöhle und auf der Voerster-promenade weiter nach Tabarz. Vom Wandertreff in Tabarz (gegenüber der Gemeindeverwaltung) laufen wir nun in Richtung Winterstein. Im Lauchagrund gibt es am

Ortsausgang eine besondere Sehenswürdigkeit. Hier hat man in einem kleinen Park schön geschnitzte und bemalte Struwwelpeter-Figuren aufgestellt. Sie erinnern an den Verfasser des Kinderbuches, Sanitätsrat Heinrich Hoffmann, der ständiger Gast in Tabarz war. Wir laufen nun bis kurz vor das Schweizerhaus, biegen rechts auf den Pfad zum Ortsteil Cabarz ab und laufen über den Felsenkeller zum Aussichtspunkt „Schauinsland". Der Wegemarkierung folgend, erreichen wir nach ca. 3 km den Treppstein bei Winterstein. Von hier hat man einen herrlichen Blick in das Sembachtal, in das wir alsbald absteigen und im oberen Ortsteil von Winterstein ankommen. Unser Weg führt uns hinunter zur Schloßruine mit dem berühmten Hundegrab. Durch den oberen kleinen Parkteil erreichen wir den Wanderweg zum Meisenstein (vgl. die Wanderrouten zu Winterstein). Wir besteigen den Meisenstein, genießen den herrlichen Fernblick und folgen dem Verlauf der alten Weinstraße, die zum Gebirge hinauf führt (gelbes Kreuz). Die Weinstraße verlassen wir bald in Richtung Königshäuschen, und über den Aschhof erreichen wir Ruhla. Dort sprach der Sage nach der Schmied die berühmten Worte: „Landgraf werde hart!" Näheres dazu erfahren Sie auf der Wartburg.

Engelsbach

Rundwanderweg (3 km, *grünes Dreieck*)
Der Wanderer sollte diesen Spaziergang selbst erleben, darum nur eine Kurzbeschreibung.

Blick auf Engelsbach

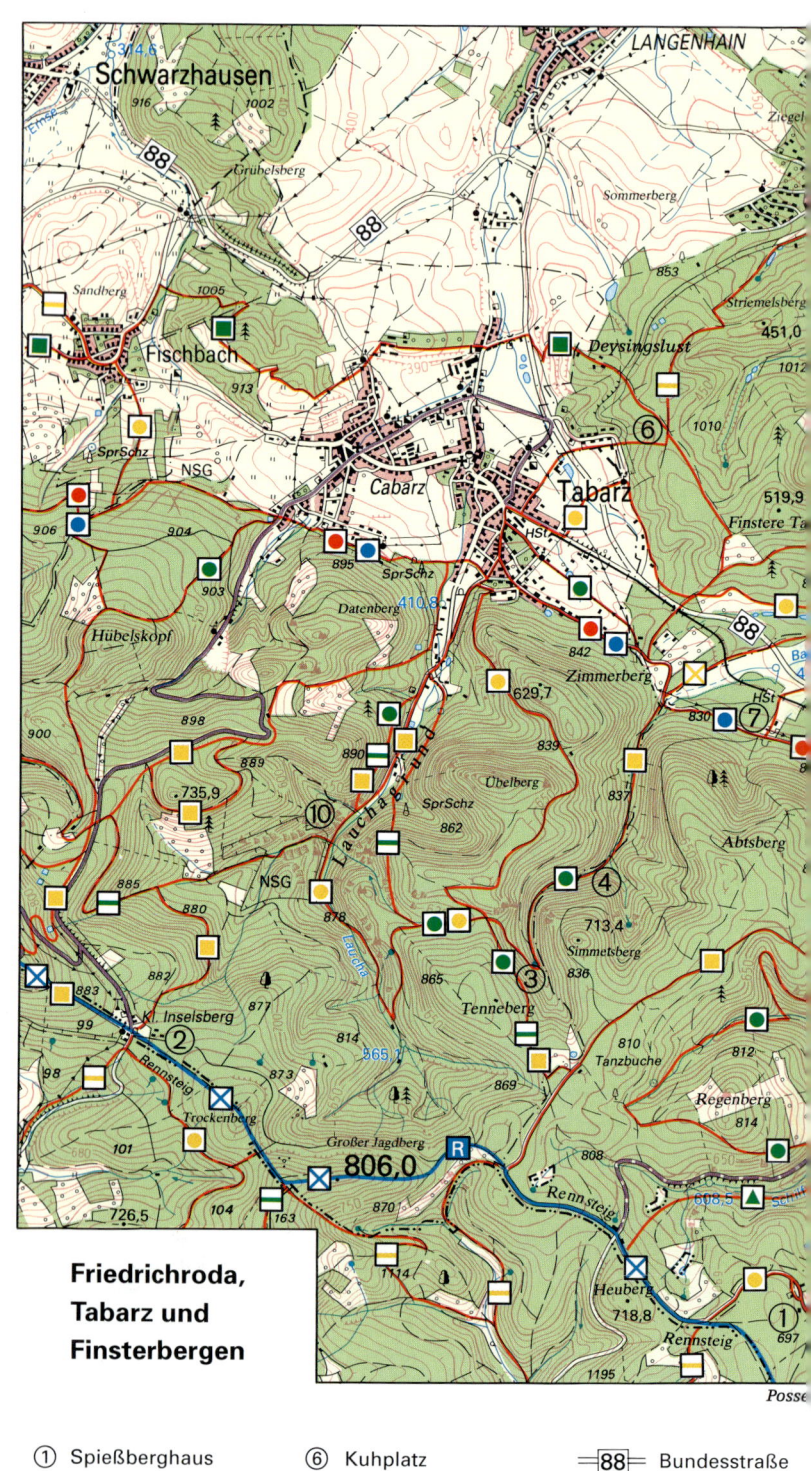

Friedrichroda,

Tabarz und

Finsterbergen

① Spießberghaus
② Grenzwiese
③ Gickelhahnsprung
④ Ungeheurer Grund
⑤ Königsweg

⑥ Kuhplatz
⑦ Marienglashöhle
⑧ Wacht
⑨ Leinagrund
⑩ Felsental

=88=	Bundesstraße
	Landstraße
	Sonstige Straße
	Weg
▬▲	Markierte Wand

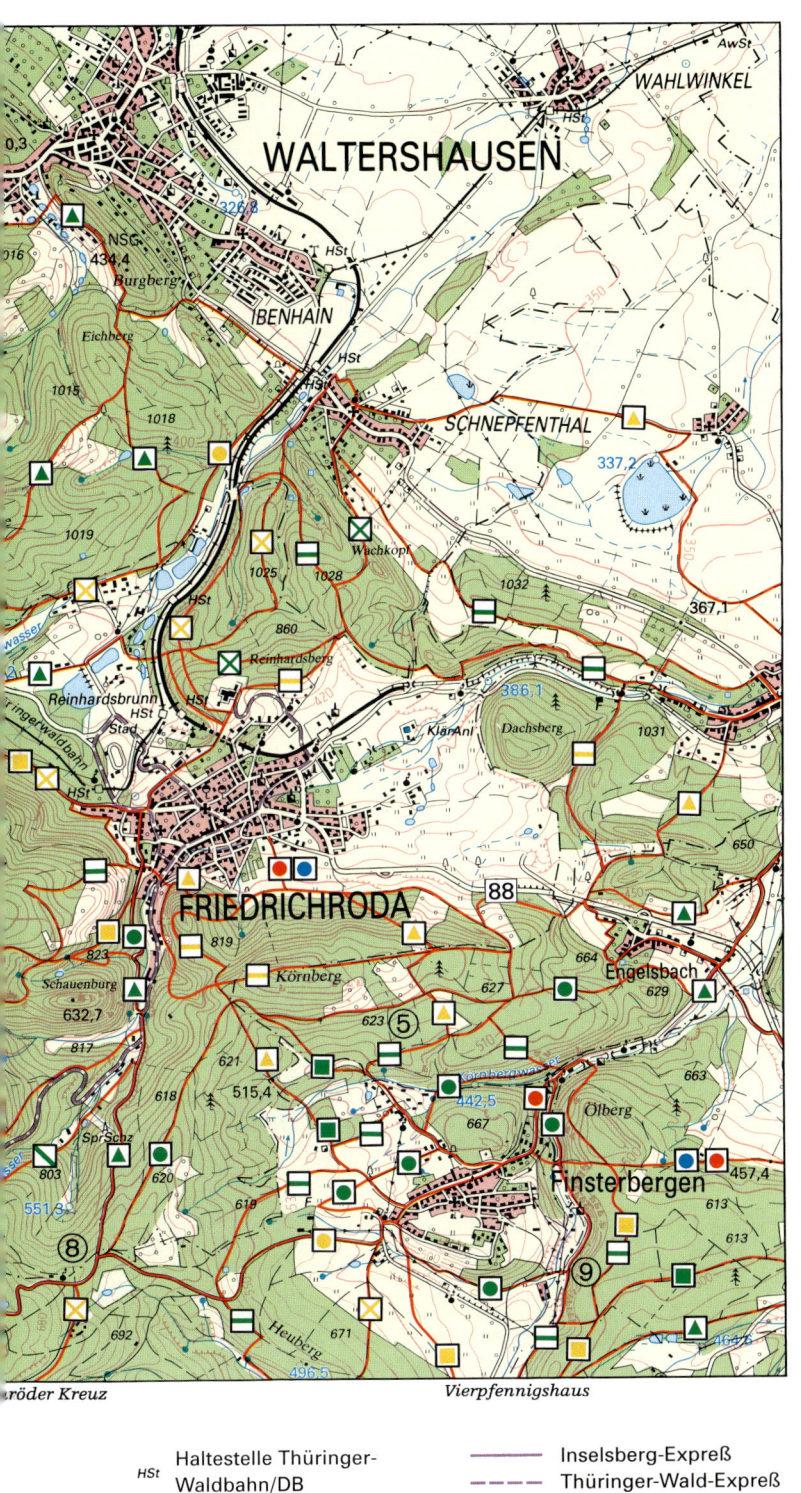

WAHLWINKEL

WALTERSHAUSEN

IBENHAIN

SCHNEPFENTHAL

FRIEDRICHRODA

Engelsbach

Finsterbergen

Ölberg

röder Kreuz   Vierpfennigshaus

HSt   Haltestelle Thüringer-
      Waldbahn/DB

✠   Kirche

⌂   Denkmal, Wegstein

⌒   Höhle

Inselsberg-Expreß

Thüringer-Wald-Expreß

1 : 50 000

0   0,5   1   1,5 km

Im Ort muß der Wanderer auf dem Friedrichrodaer Weg bis zur B 88 aufsteigen und diese zum Friedhof hin überqueren. Nun folgt man der Promenade entlang des Querberges leicht abwärts. Dabei laden viele Bänke zum Verweilen und Schauen ein. Unser Blick schweift über Engelsbach hinunter ins Leinatal und dann aufwärts bis nach Catterfeld und Altenbergen. Im Talgrund angelangt, liegt nur einige hundert Meter nördlich (linkerseits) das **Waldschwimmbad** von Schönau vor dem Walde. Wir gehen rechts und überqueren die B 88 in Richtung Finsterbergen.

Der Markierung folgend steigen wir nun rechts den „Gänserasen" aufwärts auf den Heinrich-Stadler-Weg bis oberhalb der Hotelanlage und gelangen zurück nach Engelsbach.

Über das Spießberghaus nach Friedrichroda und zurück

(13 km, *grüner Punkt*)

Dies ist eine ausgiebige Halbtagswanderung, gilt es doch ca. 300 m Höhenunterschied zu überwinden. Von Engelsbach aus geht es der Markierung folgend auf dem **Königsweg** entlang, der an der „Gebrannten Wiese" vorbei bis zur Weggabelung führt. Aus Richtung Friedrichroda und Finsterbergen kommend treffen an dieser Stelle verschiedene Wanderwege aufeinander. Hier beginnt auch der Aufstieg bis zur „**Wacht**", einer weiteren Wegekreuzung.

Heuberghaus

Blick vom Hainfelsen über Finsterbergen

Gemeinsam mit dem Wanderweg aus Friedrichroda (*grünes Dreieck*) verläuft nun unsere Route ein Stück des Weges an der **Rodelbahn** nach Friedrichroda vorbei bis zum **Spießberghaus** (Gaststätte, 710 m NN). Ein nettes Gartenlokal lädt hier im Sommer zusätzlich zum Verweilen ein. In unmittelbarer Nähe steht die „**Körnereiche**", ein Naturdenkmal, welches an Theodor Körner erinnern soll. Nun sind es nur noch wenige Meter bis zum **Rennsteig** und zum **Heuberghaus** (alte Herberge am Sattelpaß über den Rennsteig in 688 m Höhe, 1559 erstmals erwähnt, heute Gaststätte). Wer Lust hat, kann vom Heuberghaus aus noch andere Aussichtspunkte erreichen, wie den Spießberg (749 m NN) oder den Regenbergstein, von dem man einen herrlichen Ausblick in das Gothaer und Schmalkalder Land hat.

Wir steigen bis zur „**Wacht**" wieder abwärts und gelangen nun auf dem „**Roten Weg**" (*grünes Dreieck*) an der **Bobbahn** vorbei nach Friedrichroda. Am Waldschlößchen (Gaststätte) beginnt das Städtchen –; wir laufen der Fahrstraße folgend bis zur nächsten Wegemarkierung unterhalb des **Gottlob** (572 m NN, mit geolog. Aufschluß, Rotliegendes). Ab hier gehen wir, dem roten Punkt folgend, über den **Bierweg** und den **Philosophenweg** bis zum **Stockhög** und weiter in Richtung Engelsbach.

Finsterbergen

Kleiner Rundwanderweg (7 km, *grüner Punkt*)
Vom Wandertreff an der Bushaltestelle gelangen wir dem grünen Punkt folgend zur im Leinagrund gelegenen ehemaligen **Steigermühle**. Am Eingang zum wildroman-

tischen Leinagrund befinden sich einige kleine Betriebe, deren Gründung wohl auf die hier vorhandene Wasserkraft zurückgeht, war doch früher das Wasser im Gebirge für das Betreiben der Mühlen mit ihren Wasserrädern von größter Bedeutung.

Nun gehen wir aufwärts bis zum **Café „Leinagrund"**, dann weiter dem Zickzackweg folgend zur Tambacher Straße unterhalb des Finsterberges bis Ecke Kurhausstraße. Über Feld und Flur geht es vorbei am **Haus „Wiesengrund"** und ein Stück entlang des Fußweges zum Spießberghaus. Bald biegt der Weg rechts ab zum ehemaligen Waldschlößchen.

Unser Weg führt nun an einer größeren Gartensiedlung vorbei und wir erreichen das **Erlebnis- und Freizeit-Schwimmbad**. Wir gehen nun leicht bergab in das **Körnbachtal**. Dem Wasserlauf folgend gelangt man wieder zur ehemaligen **Steigermühle**.

Kurz bevor wir wieder den Ausgangspunkt unserer Wanderung erreichen, ist der Aufstieg zur **Felsenkanzel** angezeigt. Man hat von dort einen herrlichen Blick in Richtung Osten auf Catterfeld und Altenbergen (Diese Waldsiedlung sieht man fast von allen Aussichtspunkten der weiteren Umgebung immer wieder.) und zum Hainfelsen im Süden oberhalb des Leinatales. Ein besonderes Erlebnis bietet sich dem Wanderer am späten Nachmittag, wenn die Sonne mit ihrem gleißenden Licht das rotbraune Felsengestein (Rotliegendes) wie einen herbstlichen Farbtupfer erleuchten läßt, der sich kontrastreich von dem dunklen Grün der Wälder abhebt.

Über das Vierpfennigshaus zum Hainfelsen und zurück

(6,5 km, *gelbes Quadrat*)

Unsere Wanderung beginnt am Wandertreff. Wir gehen durch das Oberdorf und gelangen anschließend durch ein liebliches Wiesental zum ca. 1 km entfernten „**Mühlchen"**. Hier überqueren wir auf einer Brücke den Schneckenbach. An der Schneckenbachswiese vorbei steigt man auf einer der ältesten Handelsstraßen zum **Vierpfennigshaus** (hübsche Gaststätte) bergan. An dieser Stelle sollen früher einmal vier Pfennig Wegezoll abverlangt worden sein. Heute befindet sich hier eine kleine Siedlung mit mehreren Forsthäusern .

Wir gehen nun 200 m auf der Betonstraße Richtung Paulfeldteich, bis zu einer großen Wegegabelung. Links führt ein schmaler Holzabfuhrweg den Berg hinauf, diesem folgen wir bis auf die Höhe. Dort biegen wir links in einen abschüssigen und stark ausgefahrenen Weg ein, den **Bauernweg**. Nach etwa 2 km gelangen wir zum **Hainfelsen** (500 m NN), und uns bietet sich ein herrlicher Blick auf Finsterbergen. Von hier erfolgt der Abstieg in das Leinatal und zurück über die Totenbrücke nach Finsterbergen. Ihren Namen trägt die Brücke, weil vor der Erbauung der ersten Kirche in Finsterbergen (1661/62) die Toten des Dorfes hier über die Leina nach Altenbergen gebracht und dort bestattet wurden.

Zum Adolphsblick
(5 km, *grünes Quadrat*)
Vom Wandertreff gehen wir durch das schmucke ehemalige Fuhrmannsdorf bis zum **Musikerehrenstein**. Ab hier durchqueren wir eine Gartensiedlung bis zum ehemaligen Waldschlößchen. Nun, der Markierung folgend, beginnt der 1,3 km lange Aufstieg, der sich vorbei an der Pumpwiese bis zur Kreuzung unterhalb des Körnberggipfels und Gottlobs hinzieht. Diese Kreuzung wurde in anderen Wegebeschreibungen schon mehrfach erwähnt, ist sie doch der Knotenpunkt für einige Wanderwege der Orte Finsterbergen, Friedrichroda und Engelsbach und führt zum **Gottlob** mit Sicht auf Friedrichroda! Von hier gehen wir ein Stück die Keilspromenade entlang und dann 300 m nach rechts und erreichen alsbald den **Adolphsblick**, dicht unterhalb des Gipfels des **Körnbergs** (633 m NN). Dem Wanderer bietet sich ein großartiges Panorama: Vor seinen Füßen liegt Friedrichroda, überragt vom Berghotel. Der Blick schweift weiter in das Thüringer Becken – der Große Seeberg (409 m NN) bei Gotha, Schloß Friedenstein und dahinter die Fahnersche Höhe (413 m NN). Wer unmittelbar nach einem Regenguß oder einer anderen „günstigen" Wetterlage, die eine klare Sicht gewährleistet, hier herauf steigt, kann sogar den Kyffhäuser (477 m NN) und den Brocken (1142 m NN) im Harz sehen. Der Abstieg zurück erfolgt durch Fichtenwälder verschiedener Altersklassen bis zum **Körnbergwasser** (auf die Markierung achten). Dann geht es wieder am Erlebnis- und Freizeit-Schwimmbad vorbei bis zum Haus „Ingeborg" in Finsterbergen.

Rundwanderweg – Über den Leinagrund und das Possenröder Kreuz zur Wacht und zurück –
(10 km, *gelbes Kreuz*)
Dies ist eine der schönsten Wanderungen, führt sie doch durch das liebliche Leinatal. Wer gut zu Fuß ist und 200 m

Höhenunterschied auf 3 km verkraftet, dem sei diese Route empfohlen.

Wie immer beginnt unser Ausflug am **Wandertreff** an der Bushaltestelle in Finsterbergen. Wir gehen der Markierung folgend durch den Ort bergan (zunächst gemeinsam mit der Wegmarkierung Richtung **Adolphsblick** – *grünes Quadrat* – und dann weiter bergan dem *gelben Kreuz* folgend, bis zum Hauptwegweiser, der an der Ecke Hauptstraße/Kurhausstraße steht, von wo wir vor uns den **Reiterhof** liegen sehen. Unser Weg führt nun links am **Rösenteich** vorbei durch die **Lange Hecke** in den **Leinagrund**. Dort beginnt gleichzeitig der Naturlehrpfad, der mit einem „Röhrenden Hirsch" gekennzeichnet ist. Interessante und aufschlußreiche Lehrtafeln begleiten uns nun ein Stück auf unserer Wanderung zum **Possenröder Kreuz.**

Vor uns liegt der **Brandleiteteich**, welcher mit seinen gut gestalteten Sitzgruppen zum Verweilen einlädt. Unser Weg führt nun rechts neben der Kleinen Leina entlang, es geht bis zum **Possenröder Kreuz** (700 m NN) ständig bergauf. Dieses unmittelbar am Rennsteig stehende Kreuz hat seine eigene Geschichte. In der Schutzhütte hängt eine Informationstafel, und schon seit Jahren liegt hier ein Wanderbuch aus, dort kann man sich verewigen. Die große Wegegabel informiert uns nochmals über unserem Standort am Rennsteig. Bis hierher haben wir 4,5 km zurückgelegt.

Wir gehen nun den leicht abfallenden, fast parallel zum Rennsteig verlaufenden Weg unterhalb des Spießberges entlang. Dieser Forstweg durchwindet einen Buchenwald im Bereich der Leinaquellflüsse und führt uns dann nach etwa 2,5 km zur **Wacht.** Von hier aus geht es weiter bergab Richtung Finsterbergen, welches wir über den **Kleinen Heuberg** an der Ecke Kurhausstraße alsbald erreicht haben.

Zum Spießberghaus

(5 km, *gelber Punkt*)
Wir folgen in Finsterbergen dem gelben Punkt bis Ecke Kurhausstraße/Forsthaus, von hieraus geht es weiter durch ein schönes Waldgebiet bis zur „**Wacht".** Von dieser Wegekreuzung an verläuft ein Stück des Weges gemeinsam mit Wanderwegen aus Friedrichroda (siehe S. 35) und Engelsbach (siehe S. 26/27).

Der Weg biegt unterhalb der Straße links in ein kleines Tal ein, und wir schneiden einen Teil der Kurve der Forststraße ab, noch 350 m und wir stehen vor dem **Spießberghaus** (mit Gaststätte, siehe auch S. 27). Wenn man hier

der Fahrstraße folgt (*grünes Dreieck*), welche später ein
Stück auf dem Rennsteig verläuft, erreicht man nach
1,5 km das **Heuberghaus** (moderne Selbstbedienungs-
gaststätte, vgl. auch S. 27). Beim Rückweg orientiere man
sich nach einer unter Friedrichroda (s. S. 35) oder Engelsbach (s. S. 27) angegebenen Wegebeschreibung.

Friedrichroda

Zur Tanzbuche und zurück
(12 km, *gelbes Quadrat*)
Die Wanderung führt in das Bergmassiv mit den ältesten
geologischen Formationen dieser Gegend; infolge ihrer
Länge und der Steigungen ist sie nur leistungsfähigen Wanderern zu empfehlen (Höhendifferenz ca. 500 m).

Vom zentralen Wandertreff im **Puschkinpark** gehen
wir durch die Waldstraße bis zum **Burgweg**. Von hier geht
es auf steinigem Weg etwa 2 km steil bergan. Links wei-
sen eine Halde wie auch der Schauenburgteich auf den
einst betriebenen Erzbergbau hin, rechts blickt man auf
den Hang des Abtsberges. An der „Augenweide" wird der
Weg merklich flacher. Rechts liegt ein Hubschrauber-
Landeplatz, der 1988 für Einsätze bei der Waldpflege angelegt wurde. Schließlich gelangen wir auf eine breite
Lichtung – die **Tanzbuche** unweit des Rennsteiges ist erreicht (vgl. auch S. 48). Wanderer, die genügend Kondition besitzen, sei ein Abstecher zum 1 km entfernten
Regenbergstein empfohlen (siehe nächste Wanderung).

Wir folgen nun dem Waldpfad, der genau gegenüber
der Einkehr beginnt, und gelangen alsbald auf eine
asphaltierten Holzabfuhrweg. Dieser leicht bergab führen-

Blick zur Barockkirche im Stadtzentrum Friedrichroda

Ausflugsgaststätte Tanzbuche

den Straße folgen wir bis zum „**Fünfarmigen Wegweiser**". Auf dem Weg dahin kann man rechter Hand das Quelltal des Badewassers erblicken, dahinter erhebt sich die Steilwand des Simmetsberges. Nach etwa 1,5 km sind wir an einer dreiarmigen Wegegabel angekommen. Hier stand früher ein Pfahl mit fünf Wegweisern, der dem Platz seinen Namen gab. Links führt die Straße in den Lauchagrund, während vor uns sich das Felsmassiv des **Gickelhahnsprungs** auftürmt. Hier machen wir einen kurzen Aufstieg zum Aussichtspunkt, welcher über eine eiserne Steigleiter erreichbar ist. Danach gehen wir zurück und rechts den Weg durch einen Hochwald steil hinab in den „**Ungeheuren Grund**".

Es geht ständig bergab durch eines der schönsten Täler des Thüringer Waldes. Die steilen Bergwände rechts und links mögen ihm seinen Namen gegeben haben, der zu der herrlichen Natur und Stille hier aber nicht so recht passen mag. Rechts führt ein steiniger Weg zum Felsen des „**Falkensteins**", vor dem ungeübte Kletterer allerdings gewarnt werden müssen. Wir gehen weiter am Bach entlang ins nun breiter werdende und nicht mehr so abschüssige Tal bis zur „**Langen Wiese**", an deren Anfang wir auf den Weg nach Tabarz treffen. An dieser Wegekreuzung wählen wir die nach rechts abzweigende **Voersterpromenade**, die an der Marienglashöhle vorbei nach Friedrichroda führt.

Über die Schauenburg zum Regenbergstein und zurück

(9 km, *grüner Punkt*)

Die folgende Wanderung auf einen der höchsten Berge unserer näheren Umgebung sollte geübten Wanderern vorbehalten bleiben (Höhenunterschied 400 m). Für diese ist sie allerdings dann auch lohnend. Vom Wandertreff im **Puschkinpark** aus gelangen wir über die **Waldstraße** bis zum Hörselbachtal. Rechts geht es den schmalen **Hörselstieg** steil aufwärts bis zum **Schauenburgteich** (1,8 km). Dieser diente bis ins vorige Jahrhundert der Erzwäsche und hatte somit für den Friedrichrodaer Bergbau Bedeutung. Oberhalb der zum Sonnenbaden einladenden Schauenburgwiese sprudelt die **Mariaquelle**, deren Name an religiöse Bräuche früherer Zeiten erinnert. Wir aber folgen dem Weg, der vom Teich aus scharf nach links in den Hochwald einbiegt und steigen steil bergauf. Nach etwa 400 m erreichen wir die Felsen, auf denen früher die „**Schauenburg**" stand, der erste befestigte Sitz der Ludowinger. Nur schwer sind noch ein paar Mauerreste zu entdecken, dafür ist der Ausblick unter den Bäumen hindurch lohnend. Bei guter Sicht sind u. a. Oberhof und der Schneekopf zu erkennen.

Ein schmaler Weg führt uns hinunter zu den **Weißleber Steinen** (2,8 km). Sie bestehen aus einem besonderen Porphyr, der nach ihnen benannt ist. Wir blicken in den tiefen Grund des wildromantischen Kesselgrabens; dahinter erhebt sich steil und gewaltig der Regenberg. Unser Weg führt aber zunächst an der „**Th.-Kleins-Wiese**" vorbei zum oberen Eingang des Kesselgrabens. Wenig unterhalb befand sich früher eine Kobaltschiefergrube, und noch heute findet man leicht die charakteristisch purpurroten Steine in dieser Gegend. Wir wenden uns auf der Wegekreuzung nach rechts und gehen auf der „**Wiegand-Konthers-Wiese**" aufwärts bis zum **Kohlenweg**. Nach links gehend kommen wir bald an den Abzweig, an dem der langgezogene Anstieg zum Regenbergstein beginnt. Auf 800 m Weg muß man 40 m Steigung überwinden.

Der **Regenberg** verdankt seine Entstehung vulkanischen Prozessen im Perm. Quarzporphyr, ein magmatisches Ergußgestein, und Tuffe, Bildungen vulkanischer Aschen, sind hier meist zu Konglomeraten verbunden. In der brodelnden Lava bildeten sich blasenähnliche Hohlräume, die zunächst mit der eintretenden Abkühlung erstarrten. Im Laufe von Jahrmillionen kristallisierte an den Wandungen der Blasen vorwiegend Siliziumdioxid, das von der mit dem Sickerwasser eingedrungenen Kieselsäure stammt, aus. Metallische Verbindungen bewirkten in den Kristallen vielfach intensive Färbungen und eine charakteristische Bänderung. Solche Drusen erfreuen sich als Halbedelsteine (Achate und Amethyste) einer besonderen Beliebtheit.

Auf dem fast immer windigen Gipfel des Regenberges (727 m NN) steht ein etwa 4 m hoher Felsblock, der über eine Eisentreppe zu ersteigen ist. Von hieraus, vom **Regenbergstein**, bietet sich ein herrlicher Rundblick. Vom Großen Inselsberg mit seinem Antennenmast im Westen über die Hühnberge im Süden bis in die Oberhofer Gegend im Südosten überblickt man den Kamm des Thüringer Waldes, auf der anderen Seite schaut man weit ins Vorland hinein – es ist ein Blick wie aus einem Flugzeug. Und auch der Spruch von „Thüringen, dem grünen Herzen Deutschlands" wird hier verständlich.

Nach diesem Erlebnis erfolgt der Abstieg. Über die **Regenbergpromenade**, das „Thomasfleck" und die **Dodelspromenade** erreichen wir nach etwa 2,5 km den „Grund", von wo aus wir über die **Waldstraße** zum Wandertreff im Puschkinpark gelangen können.

Über das Heuberghaus zum Spießberg
(9,5 km, *grünes Dreieck*)
Diese Route führt auch auf den Kamm des Gebirges, bleibt aber durchweg östlich des Schilfwassers und damit in jüngeren geologischen Schichten mit weicherem Gestein. Dennoch sollte auch hier ausreichend Kondition vorhanden sein (Höhenunterschied 270 m). Ansonsten können vom Parkplatz Heuberg aus kreislaufschonende Wanderungen unternommen werden, welche auch Teile der beschriebenen Wanderrouten einschließen.

Wir gehen durch die **Schweizerstraße** in Friedrichroda und stoßen auf den „**Spenglersborn**", einen Zeugen der alten Friedrichrodaer Wasserversorgung. Wenig weiter passieren wir den „**Kalten Markt**", der noch an die alte Bleicherstadt Friedrichroda erinnert. Links sieht man die Katzensteine am Steilhang des Gottlobs gen Himmel ragen. Die Straße führt uns durch den „**Grund**". Links liegt versteckt ein alter Steinplattenbruch, der durch interessante Fossilienfunde bekannt wurde, die teilweise im Naturkundemuseum Gotha ausgestellt sind. Am Eingang zur Waldstraße verlassen wir die Fahrstraße nach rechts und gehen dann kurz nach dem Zusammenfluß von Kesselgraben und Schilfwasser links zur Heubergstraße. Im klaren Wasser der beiden Bäche kann man Forellen beobachten.

Rechts an der Heubergstraße tritt an einem Aufschluß der charakteristische rote Tonschiefer des Oberrotliegenden zutage. Achtung! Gleich links, leicht zu übersehen, zweigt der Weg ins „Kühle Tal" ab. Er führt zunächst durch einen lieblichen Wiesengrund und am Ausgang der alten Bobbahn vorbei. Die Stelle heißt „Mutters Ruh", hier stand das letzte Bleichhäuschen von Friedrichroda.

Eine majestätische Fichte weist uns den Weg in den Wald. Am Bach entlang führt er durch eine romantische Waldlandschaft, die sich vorteilhaft von den eintönigen Fichtenwirtschaftswäldern der Umgebung abhebt. Deshalb ist dieser Weg von Naturfreunden als **Lehrpfad** ausgebaut worden. Wo der harte Regenbergporphyr den weichen Tonschiefer ablöst, hat sich ein kleiner **Wasserfall** gebildet. Wir steigen auf teilweise steinigem Weg weiter bergan und kommen an der Peterswiese vorbei zu einer Wegkreuzung. Links über den Fichtenwipfeln sieht man den **Seebachsfelsen** aufragen. Hier gab es einst Schneekopfkugeln, aber unvernünftige Sammler haben eine Goldgräberlandschaft hinterlassen. Zu finden gibt es heute da nichts mehr. Die letzten 700 m bis zum Heubderghaus sind noch einmal recht steil, eine kleine Wiese zeigt den typischen Magerrasen der Kammregion.

Am neuen **Heuberghaus** (Gaststätte, vgl. auch S. 27), das in den 60er Jahren anstelle der alten Poststation entstand, erreichen wir den Rennsteig (688 m NN). Wir folgen ihm ca. 500 m nach links bis zu einer Wegegabel. Während der Rennsteig nun rechts in die Höhe als Waldweg weiterführt (Wegweiser), bleiben wir auf der Asphaltstraße und treffen nach weiteren 500 m auf das **Spießberghaus** (Gaststätte). Vor dem Haus bietet sich ein schöner Blick ins Vorland. Bergab an der **Körnereiche** und dem Denkmal für Carl Benzing vorbei, dem Erbauer der ersten Bobbahn außerhalb der Alpen, gelangen wir zur „Wacht". Hier, wo sich die Straßen aus Richtung Friedrichroda, Schmalkalden und Finsterbergen treffen, war im Mittelalter ein Geleittrupp für die Fuhrleute stationiert. Über den abwärts führenden „**Roten Weg**" gelangt man nach ca. 2 km wieder in den Ort zurück.

Rundwanderweg
(12 km, *gelber Querstrich*)
Von der Länge her kommt diese Strecke etwa einer Wanderung zum Inselsberg gleich, und sie enthält auch einige Steigungen (Höhenunterschied etwa 230 m). Das sollte man bedenken, ehe man diese an schönen Ausblicken reiche Wanderung in Angriff nimmt.

Zunächst gehen wir durch die Schweizerstraße, die Bachstraße und den Finsterberger Weg zur **Gottlobwiese**. Am **Bergtheater**, einer hübsch gelegenen Freilichtbühne, vorbei führt der Weg in einem langen Rechtsbogen steil bergan auf den **Gottlob**, wo sich eine schöne Aussicht auf Friedrichroda und das nördliche Vorland bietet. Nach wenigen Minuten erreichen wir auf fast ebenem Weg den **Gottlobstempel** auf der Südwestseite des Berges. Eine Aussichtsplattform gewährt einen imposanten Blick tief in den „Grund" und auf die gegenüberliegenden Berge (u. a. Schauenburg). Warnen müssen wir davor, sich an den Felshängen als Kletterer zu üben, denn das Konglomeratgestein (Rotliegendes) ist außerordentlich brüchig. Hinabgeworfene Steine können arglose Wanderer weiter unten sogar in Lebensgefahr bringen.

Hier am Gottlob sehen wir auch noch einige verwachsene Gräben und Halden – Zeugen reger Bergbautätigkeit in früheren Jahrhunderten (geologischer Aufschluß).

Bis hierher haben wir etwa 2 km Weg zurückgelegt und sehen schon das nächste Wanderziel, den Körnberg, im Südosten vor uns liegen. Dorthin gelangen wir über den **Finsterberger Weg** und den „Adolphsblick". Dies wird uns jedoch noch einige Anstrengung kosten, denn es geht noch etwa 1,5 km bergauf. Der **Adolphsblick** (634 m NN) ist zugleich der höchste Punkt unserer Wanderung. Diese Höhe ist in solch einer Entfernung vom Gebirgskamm überraschend, aber der Berg besteht aus hartem Porphyrgestein, einem Überbleibsel längst vergangener vulkanischer Tätigkeit in diesem Gebiet. Die Aussicht von hier ist großartig und wird nur von der vom Regenbergstein übertroffen. Wartburg, Hörselberge, Inselsberg, Gotha, Fahnersche Höhe, Ettersberg – all diese markanten Punkte bzw. Wahrzeichen Thüringens sind von hier aus zu sehen.

Wir folgen nun dem **Höhenweg** auf den Kamm des Körnberges. Es geht stetig leicht bergab, überraschende Ausblicke bieten immer wieder Abwechslung. Über den **Bierweg** (links ab) und den **Philosophenweg** (rechts) gelangen wir an die B 88 oberhalb von Engelsbach. Die Hälfte unserer Wanderung ist hier bereits geschafft. Wir gehen am Engelsbacher Friedhof vorbei den **Kreuzweg** abwärts. Nun befinden wir uns im Gebiet des Buntsandsteins. Allein mit der Natur wandern wir durch eine stille, aber interessante Waldlandschaft. Im „**Dachsgraben**" sind wir dann bereits im Muschelkalkgebiet. Am „**Schweizerhof**" erreichen wir die Landstraße Friedrichroda – Ernstroda. Wir gehen über das Schilfwasser zur ehemaligen Bahnstation und auf dem alten Bahndamm inmitten üppig wuchernder Vegetation nach Westen. Dann biegen wir nach rechts ab, überqueren eine Straße und gelangen durch den **Steinforst** zur Schutzhütte am **Hillsplatz**. Nun folgen wir dem **Kanzlerweg** über den Kamm des Reinhardsberges zum „Berghotel". Über den **Burchardtsweg**, die Seebachbrücke und die **Perthesallee** erreichen wir wieder unseren Ausgangspunkt im Puschkinpark.

Nach Schnepfenthal
(7 km, *grünes Kreuz*)
In eine Landschaft mit anderem Charakter führt uns diese Wanderung: in die von Buntsandstein, Muschelkalk und Keuper gebildeten Waltershäuser Vorberge nördlich von Friedrichroda. In dieser Buntsandsteinlandschaft kann man auf guten Wegen mit nur wenigen, flachen Steigungen geruhsam wandern. Dieses Mischwaldgebiet wird im Norden durch steilgestellte Muschelkalkschichten abgeschlossen, die zur Beckenlandschaft des Vorlandes eine Steilstufe bilden. Zu beachten ist, daß diese Route nicht an ihren Ausgangspunkt zurückführt.

Wir beginnen unseren Ausflug am **Wandertreff** und gehen durch den Puschkinpark, über die Perthesallee, die Seebachbrücke zum **Burchardtsweg**. Links vor dem **Berghotel** führt ein Weg abwärts durch den Wald. Nach etwa 600 m sehen wir einen Bahnübergang, wir folgen dem scharf nach rechts abbiegenden Weg, der in einer langen Schleife aufwärts zu einer Wegespinne führt. Hier treffen fünf Wege zusammen, wir wählen die **Schwarzbachpromenade** (Wegweiser). Sie führt etwa 1 km sanft bergan durch lichten Hochwald zur Schutzhütte im Blockhüttenstil auf dem **Hillsplatz**.

Nun wandern wir auf dem mittleren der drei nach Osten führenden Wege durch dichten Hochwald zum Fuß des Wachkopfs. Dort, wo der Weg eine Biegung nach links vollzieht, sieht man eindrucksvoll den Übergang des Sandsteins zum härteren Muschelkalk. Bevor wir über den Kamm des Bergzugs absteigen, machen wir einen kurzen Abstecher zum **Wachkopf**. Zu ihm führt ein schmaler, fast verwachsener Pfad. Von dieser kleinen Bergkuppe aus bewachte man im Mittelalter die im Tal vorbeiführenden Straßen. Die früher herrliche Rundsicht ist z. Z. von dem hohen Wald ringsum leider stark eingeschränkt.

Nach diesem Abstecher gehen wir nun den Hang des **Hermannsteins** hinunter nach **Schnepfenthal**. Wir folgen zuerst der von hübschen Einfamilienhäusern flankierten Straße und dann dem nach rechts abwärtsführenden Weg, der gegenüber der Kirche auf die Hauptstraße

Erster deutscher Turnplatz von GutsMuths auf der Hardt
in Schnepfenthal

mündet. Nun gehen wir links vor dem Friedhof vorbei in
die **Oberhardt**, einem Naturschutzgebiet (siehe S. 52).
Hier liegt der **Waldfriedhof** mit Salzmanns Grab (vgl.
S. 45) und nicht weit davon der **GutsMuths-Waldturn-**
platz.

Ein schmaler Weg führt uns zwischen Gärten hindurch
auf die Hauptstraße und zur Haltestelle der Thüringerwaldbahn, an der unsere Wanderung endet. Am Berghang
gegenüber schimmert das Gebäude der Salzmannschule
durch die Bäume hindurch. Die Thüringerwaldbahn oder
auch die Deutsche Bahn bringen uns nach Friedrichroda
zurück; die Fahrt durch das anmutige Tal von Reinhardsbrunn dauert nur wenige Minuten.

Tabarz

Über die Grenzwiese und den Rotenberg zum Großen Inselsberg und zurück
(12,5 km, *gelbes Quadrat*)

Wer gut zu Fuß ist,
schafft diese Tour als
Halbtagswanderung;
der ungeübte Wande-
rer sollte dafür den
ganzen Tag einpla-
nen, handelt es sich
doch mit 916 m NN

Aschenbergstein über
dem Lauchagrund bei
Tabarz

Die Laucha im Tabarzer Lauchagrund

um einen der höchsten Gipfel des westlichen Thüringer Waldes, der erklommen werden soll. Frisch auf – und guten Muts!

Vom **Wandertreff am Kurpark** gegenüber dem Gemeindeamt geht es durch den Eingang des **Lauchagrundes**. Pensionen und Villen rechts und links des Weges lassen auf die Beliebtheit dieses Ortes schließen. Linkerseits, am Hang des Zimmerberges, wurde vor kurzem der Komplex der „Klinik am Rennsteig", eine Fachklinik für Innere Medizin und konservative Orthopädie, eingeweiht. Der Weg ist zunächst sehr bequem. Bald haben wir das **Schweizerhaus** (Gaststätte) und wenige hundert Meter weiter linker Hand die **Massemühle** im romantischen Lauchagrund erreicht. Nach ca. 250 m beginnt rechts der Aufstieg zum **Backofenloch**, der sich lohnt, und man kann den Weg dann oberhalb auf einen Waldpfad fortsetzen, welcher an der Strenge-Wiese wieder auf unsere Tour führt. Eine bizarre, höhlenartige Felsformation steht vor uns und wird in Verbindung mit der Sage auf einer Schrifttafel dem Besucher nähergebracht. Wir steigen die ca. 100 Höhenmeter wieder ab zur Straße und wandern nochmals ca. 250 m weiter bis zu einer Wegegabel. Geradeaus verläuft der Lauchagrund, wir aber gehen rechts in das **Felsental** hinein, dem quirlenden Bergbach entgegen. Bizarre Felsen links und rechts des Weges begleiten uns. Es beginnt ein leichter Aufstieg zum **Pantoffelweg**. Der Wanderweg führt hier durch das Naturschutzgebiet „**Kleiner Wagenberg**". Links oberhalb der Felsen befindet sich noch ein Naturdenkmal, nämlich der **Torstein**, wo früher

Tropfstein-höhle

Kittelsthal

Hucheroda

Kleiner Ebertsberg

Deubach

Deubacher Höhe
436

Seebach

Spitziger Stein
455

Heiligenstein

Thal
470

Schoßberg

Frixels Ruh

Fuchsenfrund

Rogis

Schm

Kl. Wartberg

Köhlerh

Gr. Wartberg

Breitenberg
698

Königs-häuschen

Mittelberger

Mittel-berg

Beerberg

Meisenstein
559

Aschhof

Öhrenkammer

Grund

RUHLA

Reuter

Eichleite
475

Heide-köpfchen

Kahle Koppe
690

Kalter Rumpel

Weinstraße

Schützenhaus

630

Vordere Schwarzbach-wiese

Thielberg
565

Schanzen-baude

Eckardsbach

Hintere Schwarzbach-wiese

Emse

Storchs Wiese

Ruhlaer Skihütte

Berwindbahl

Hohe Heide
660

Emsegrund

Glasbachs-wiese

Schiller-buche

Gerberstein

Kleiner Weißenberg
724

647

728

R

Hirsch-balz-wiese

Drehberg
754

Luther-denkmal

Drei-herrn-stein
747

Großer Weißenberg

O
Be

Steinbach

R

Krätzersrasen

40

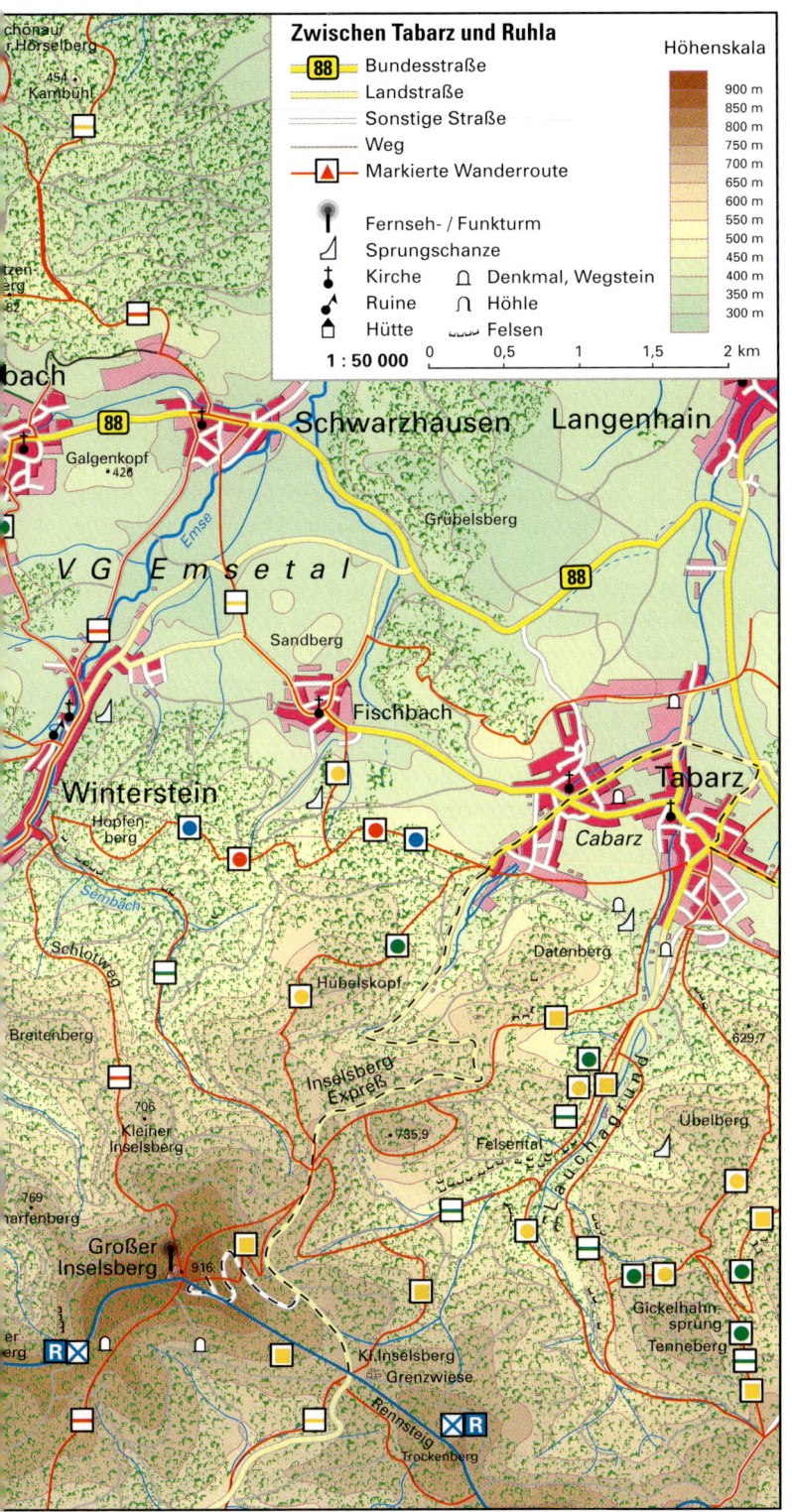

Zwischen Tabarz und Ruhla

Höhenskala

▭88▭	Bundesstraße
	Landstraße
	Sonstige Straße
	Weg
�—▲—	Markierte Wanderroute

📡	Fernseh- / Funkturm		
⊿	Sprungschanze		
⸸	Kirche	∩	Denkmal, Wegstein
⸸	Ruine	∩	Höhle
⌂	Hütte	⌣	Felsen

1 : 50 000

900 m
850 m
800 m
750 m
700 m
650 m
600 m
550 m
500 m
450 m
400 m
350 m
300 m

0   0,5   1   1,5   2 km

chonau
r. Hörselberg
454
Kambühl

tzen
rg
82

bach

Galgenkopf
• 426

V G   E m s e t a l

Emse

Sandberg

Schwarzhausen   Langenhain

Grübelsberg

88

Fischbach

Winterstein

Hopfen-
berg

Sembach

Schloßweg

Breitenberg

706
Kleiner
Inselsberg

769
arfenberg

Großer
Inselsberg   916

er
erg

R X

Datenberg

Hübelskopf

Inselsberg
Expreß

• 735,9

Felsental

Lauchagrund

629,7

Übelberg

Gickelhahn-
sprung
Tenneberg

Tabarz

Cabarz

Kl. Inselsberg
Grenzwiese

Rennsteig

X R

Trockenberg

41

die Bauern mit ihrem Vieh Versteck und Schutz suchten. Im naturnahen Mischwald treten neben Laubbäumen und Fichten vereinzelt noch stattliche Weißtannen in Erscheinung. Durch die walzenförmige Kronenform lassen sich die Bäume gut von der Fichte unterscheiden, die durch einen langgestreckten, nach oben deutlich zugespitzten Wuchs ihrer Äste auffällt. Selten kommt es noch zu einer natürlichen Verjüngung der heute so gefährdeten Nadelholzart. Bedingt durch die außerordentlich hohe Luftfeuchtigkeit im engen Felsental hat sich an den felsigen Partien eine sehr artenreiche Laub- und Lebermoosvegetation entwickeln können. Am Ufer des Bergbachs „Strenge" fallen dem aufmerksamen Wanderer die stattlichen Wedel des naturgeschützten Straußenfarns auf.

Alsbald haben wir den **Pantoffelweg** erreicht, zunächst geht es steil bergan, dann kommt ein fast ebenes Stück, und unmittelbar nach einer Rechtskurve beginnt der mühevolle Aufstieg. Am **Wilden Graben** verlassen wir diesen und es beginnt der Aufstieg bis zur Grenzwiese.

Bald tut sich unmittelbar vor uns eine Lichtung auf; wir betreten den Parkplatz bei der „**Grenzwiese**", der für die Besucher des Großen Inselsberges angelegt wurde. Wir gehen halbrechts über den Parkplatz auf den Lichtmast zu, erreichen den Fußgängerüberweg und passieren die stark befahrene Straße. Auf der anderen Straßenseite beginnt der Fußweg zum Großen Inselsberg. Meistens

Sendeanlagen auf dem Großen Inselsberg

kommt einem der Duft der Thüringer Bratwurst eines Imbißstandes schon entgegen und linker Hand lädt eine Gaststätte zum Verweilen ein. Nicht vergessen werden soll die Erwähnung der Sommerrodelbahn, die von der Grenzwiese ein Stück hinab in Richtung Brotterode führt. Wir aber steigen weiter bergan. Nach einem kurzen mühevollen Aufstieg wird die Neigung des Berghanges bald geringer. Bänke, für den müden Wanderer rechts und links des Weges aufgestellt, laden zur Erholung ein. Dann kommt ein weiterer Steilanstieg – wer ihn meiden möchte, achte bitte auf die ausgeschilderte Umgehung –, und wer lieber Treppen geht, folge dem weißen „R" über die „Reitsteine" (Weg nicht verlassen, Totalreservat!)

Es ist anstrengend, aber schon bald kommt ein großer freier Platz unterhalb des Großen Inselsberges in Sicht. Wir gehen auf die Treppe zu und erreichen über sie das Plateau des **Großen Inselsberges** (916 m NN). Bei schöner Fernsicht sieht man im Südwesten die Wasserkuppe der Rhön und im Norden den Kyffhäuser. Bei sehr guter Sicht kann man einige Male im Jahr den Brocken erblicken.

Auf dem Plateau befinden sich eine Sendestation der Telekom, zwei Gaststätten und eine Jugendherberge. Die Kurgesellschaft der Gemeinde Tabarz betreibt im Winter einen Lift für Freunde des alpinen Sports. Der Bergrettungsdienst des Deutschen Roten Kreuzes hat hier ebenfalls sein Domizil.

Eines sei dem Wanderer ans Herz gelegt, auch wenn es im Tal heiß und sonnig ist, sollte er es nie versäumen, eine warme Jacke und Regenbekleidung mitzuführen; er wird erstaunt sein, trotz des schönen Wetters am Ausgangsort hier oben mitunter Nebel und sehr kalte Luft anzutreffen.

Vom Plateau aus kann man den „Dreiherrnstein" (5 km; Gaststätte) erreichen. Ein Abstecher bis zum „Venezianerstein" lohnt sich ebenfalls. Von dort hat man einen herrlichen Blick auf Winterstein und seine Umgebung.

Unser Abstieg erfolgt zunächst wieder bis zu den Reitsteinen. Dort gehen wir nach links in den Wald hinein und folgen der Markierung bis zum „Reichentrost" (2 km), dem Parkplatz für die Liftstation. Hier überqueren wir die Straße und laufen im Wald parallel zu ihr bis zur **Rotenberg-Schutzhütte**. Auf der gleichnamigen Bergwiese haben eifrige Naturschützer des ganzen Landkreises Gotha gearbeitet, um die einmalige Flora zu erhalten. Bleiben Sie deshalb bitte auf dem markierten Wanderweg! Neben der Rotenbergwiese beginnt der Abstieg nach Tabarz.

Über Schnepfenthal (gelber Punkt) zum Schloß Tenneberg und zurück

(13 km, *gelber Strich*)

Auch hier ist der **Wandertreff am Theodor-Neubauer-Park** Ausgangspunkt für eine Wanderung, bei der sowohl der Historiker, der Botaniker als auch der Geologe auf seine Kosten kommt. Dem gelben Punkt folgend geht es durch den Ort bis zur Haltestelle der **Thüringerwaldbahn**.

Nach ca. 100 m biegen wir nach links ab und queren die B 88 in Richtung des **AOK-Schulungsheimes**, dahinter halten wir uns rechts und unsere Wanderung erfolgt jetzt auf einer Promenade, die an einer Kleingartenanlage vorbei führt. Ein leichter Aufstieg zum **Johnkopf** und alsbald erreichen wir an der **Langen Wiese** ein romantisches Tal mit vielen Teichanlagen (Kaltenbachs Teiche). Bald begleitet das **Badewasser** unseren Weg, der an den **Reinhardsbrunner Teichen** und an der **Klostermühle**, eine Heimstatt für Waisenkinder mit schulischer Einrichtung, vorbei bis nach **Schnepfenthal** führt.

Wer Zeit und Muße hat, kann bei der gleichnamigen Haltestelle der Thüringerwaldbahn gleich über die Gleise ca. 100 m bergan gehen, um den **ältesten Turnplatz Deutschlands** (Foto S. 38) mit den Turngeräten zu besichtigen. Er wurde von J. Ch. F. GutsMuths, dem Wegbereiter der Körpererziehung in Deutschland, am Ende des 18. Jahrhunderts angelegt. Unser Weg knickt vor der Waldbahnhaltestelle scharf links und führt an dem Park

Schloß Tenneberg oberhalb von Waltershausen

vorbei, in dem sich die weithin bekannte **Salzmann-Schule** befindet (im Jahre 1784 von Ch. G. Salzmann gegründete reformpädagogische Erziehungsanstalt). Wir erreichen alsbald schon eine große Wiese. Nun laufen wir bergan bis zum Waldsaum und halten uns an der Wegekreuzung links. Nach einem leichten Anstieg erreichen wir im Bereich des **Geizenberges** nach gut 100 m ein rechter Hand stehendes Wasserhaus, bei dem wir auf den Naturlehrpfad von **Waltershausen** treffen. Diesem folgen wir. Nach 500 m geht es wieder bergab, und wir gelangen in das **Naturschutzgebiet Burgberg/Kräuterwiese** (vgl. S. 53).

Nun können wir verschiedene Wege zu unserem Wanderziel wählen. Der Autor empfiehlt, an der Kräuterwiese vorbei und weiter auf der Promenade bis zum Schloß zu laufen. Hier kann man mehrere Aufschlüsse von Muschelkalkbänken sehen. Nach 1,5 km erreichen wir **Schloß Tenneberg** (1176 Ersterwähnung als Burg, 1600/18 und 1718 bis 29 Umgestaltung zum Coburg-Gothaischen Jagdschloß, später Amtsgericht und Landratsamt, heute Heimatmuseum). Danach beginnt der Abstieg bis zum Marktplatz der Stadt **Waltershausen** – eine alte Puppenstadt, hier hat die Puppenindustrie noch ihre Heimstatt. Neben Schloß Tenneberg, dem Klaustor und der Stadtkirche besitzt der Ort mit dem rekonstruierten Rathaus aus dem 14. Jahrhundert ein weiteres Kleinod als Wahrzeichen.

Unterhalb des **Burgberges** befindet sich der Unkenteich; Bänke und eine große Vogelvoliere laden hier zum Verweilen ein. Unser Rückweg führt zunächst über die

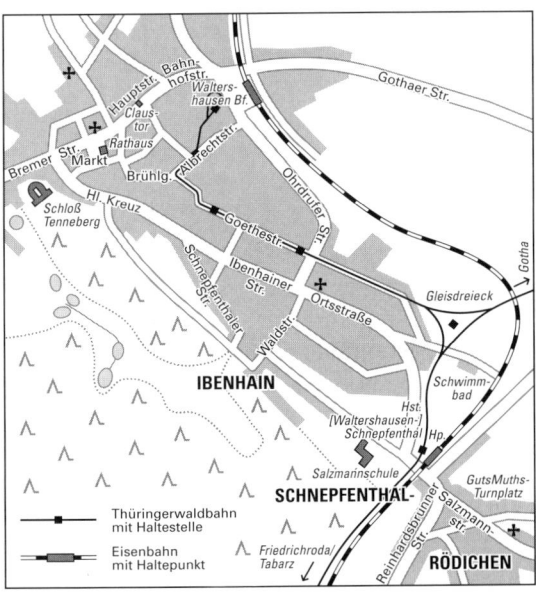

Übersichtsplan von Waltershausen

45

Barocker Zentral-
bau der Stadt-
kirche in Walters-
hausen

Straße und einen schmalen ansteigenden Pfad, der nach
ca. 1 km durch ein größeres Birkenwäldchen verläuft.
Diesem schließt sich ein Kiefernhochwald an. Bald kommt
eine starkwüchsige Europäische Lärche in Sichtweite. Ihr
gegenüber steht eine Bank, die den müden Wanderer zum
Ausruhen einlädt. Ab hier geht es wieder bis zu einer Wegekreuzung bergab. Wir halten uns links und erreichen nach
800 m eine Lichtung, von der man einen herrlichen Blick
zum Großen Inselsberg hat. Im Vordergrund liegt – wie ein
Spielzeugdorf anzuschauen – Tabarz. Der Abstieg geht
weiter, und wir erreichen nach einigen Metern eine Kreuzung. Fünf Wege treffen hier bei einer Schutzhütte aufeinander. Es ist der sog. **Kuhplatz**. Sicher trieb hier früher zu
Zeiten der Waldhut der Hirte die Kühe zusammen.

Wir wählen den bergabführenden Weg und erreichen
nach einigen hundert Metern wieder das AOK-Schulungs-
heim und damit Tabarz.

Zur Tanzbuche und zurück

(14,5 km – *gelber Punkt*: bis zum „Fünfarmigen Wegweiser" – 5 km – *gelbes Quadrat*: zur Tanzbuche – 1 km –
Regenbergstein und zurück – 2,5 km – in den Ungeheuren
Grund bis Tintenloch, *roter Punkt* nach Tabarz – 6 km)
Unser Weg führt zunächst von Tabarz in den Lauchagrund. Wir gehen dem gelben Punkt folgend auf der
Rotenbergpromenade entlang, bis wir eine 200 m unterhalb des Felsentales gelegene Wegegabel erreichen. An
dieser gehen wir geradeaus weiter in den Lauchagrund
hinein, links oben grüßt der Aschenbergstein. Auch dane-

ben recken sich am Bärenbruchsgraben steile Felswände empor und rechter Hand befindet sich ein Sonderforst, dessen Bäume fast ausschließlich zur Samengewinnung herangezogen werden. Unser Weg führt das Tal hinauf bis zum sog. „Gesicht" – einem grenzsteinähnlichen Stein mit eingemeißeltem Gesicht. Wir folgen dem Steilaufstieg der Forststraße am **Hirschstein** vorbei, einem Felsen mit einem herrlichen Ausblick, weiter zur **Bärenwiese** und dem „**Fünfarmigen Wegweiser**". Nun dem gelben Quadrat mit allmählichem Anstieg folgend, erreichen wir die Fahrstraße gegenüber der **Tanzbuche** (alte Rodungswiese, später jagdlich genutzt, mit herzoglichem Pirschhaus, 709 m NN). Hier lädt eine Gaststätte zum Verweilen ein.

Haben Sie Glück mit dem Wetter? Besteht gute Fernsicht? Wenn ja, dann versäumen Sie nicht vor Ihrem Abstieg einen der schönsten Ausblicke vom Thüringer Wald zu genießen, nämlich den Rundblick vom **Regenbergstein**!

Aus der Gaststätte kommend, hält man sich links, geht um das Gebäude herum, bis man auf den Holzabfuhrweg trifft. Er verläuft leicht bergab, und wir folgen ihm. An der Wegegabelung bei der großen Buche steigen wir links den Berg hoch und erblicken bald einen Felsen. Gehen Sie durch den Wald darauf zu, hier finden Sie eine Treppe, die auf den Regenbergstein mit seiner einzigartigen Aussicht führt (vgl. auch S. 31). Bei sehr guter Fernsicht kann man am Horizont den Kyffhäuser erblicken.

Der Abstieg erfolgt über die **Schmidts Wiese** zurück zum „Fünfarmigen Wegweiser", jetzt rechts bleibend, in den wildromantischen „**Ungeheuren Grund**". Der Autor überläßt die Bewertung der Eindrücke dem Wanderer. Weiter geht es durch das „**Tintenloch**" und den „**Alexandrinenhain**" zurück nach Tabarz.

Wanderung zum Großen Hörselberg
(17 km, *roter Strich*)
Auf dieser Ganztagswanderung von einmaligem Reiz, verlasssen wir das Mittelgebirge und wandern in das Vorland mit beeindruckenden Ausblick auf den Thüringer Wald.

Man beginnt die Wanderung am **Tabarzer Wandertreff**. Zunächst wandern wir dem roten Punkt nach in Richtung Winterstein (vgl. S. 23). Bereits im **Sembachtal** treffen wir auf die rote Strichmarkierung für den Wanderweg vom Großen Inselsberg zum Großen Hörselberg. Unser Weg führt an der Schloßruine **Winterstein** vorbei zum Wandertreff und von dort der Markierung folgend, durch den Ort auf einem Wiesensaumweg nach **Schwarzhausen**. Auffällige Fachwerkhäuser geben den Ort sein Gepräge.

Wir steigen an der anderen Dorfseite bergan durch eine Bungalowsiedlung und erreichen alsbald eine große Waldwiese. Der Wanderer möchte hier nicht versäumen, einen Blick zurückzuwerfen! Nun nimmt uns Hochwald auf, und wir erreichen nach ca. 2 km **Deubach**, ein langgestrecktes Hufendorf! Nach seiner Durchwanderung erreichen wir **Schönau** an der Hörsel. Wir überqueren die Bahnstrecke Eisenach-Erfurt und die Hörsel. Rechts neben dem ersten Gehöft von Kahlenberg beginnt der Weg in den **Zapfengrund**, ein anmutiges Wiesental. Es geht gemächlich bergan, nach 1,5 km unterqueren wir die A 7 und sind dann unmittelbar unterhalb der Hörselberge, einer der sagenumwobensten Regionen Deutschlands. Einige 100 m links erreichen wir das **Jesusbrünnlein**. Von hier steigen wir bergan und erreichen alsbald, uns links haltend, den Höhenzug des **Großen Hörselberges**, einer verwitterten Muschelkalkstufe, die nach Süden steil abfällt. Typisch der Bewuchs, an der Randzone des Kiefernwaldes stehen Wacholder, Schlehe, Sanddorn, teilweise umrankt von der Waldrebe. Wir stehen oberhalb der **Venushöhle**, einer ausgewaschenen Kluft, charakteristisch für den Muschelkalk – man kann nur wenige Meter hineingehen. Von hier sind es nur noch einige hundert Meter bis zur **Ausflugsgaststätte Hörselberghaus**, einst von der Hörselberggemeinde, (Zweigverein des Thüringerwaldvereins), erbaut. Hier hat man eine wunderbaren Fernsicht zu den Höhen des Thüringer Waldes mit dem Großen Inselsberg.

Zurück geht es über den Gratweg bergab zum Bahnhof **Sättelstädt**, den wir nach ca. 2 km steilem Abstieg erreichen. Von dort fährt man nach Friedrichroda-Reinhardsbrunn (umsteigen in Fröttstädt) und erreicht von dort mit der Thüringerwaldbahn unseren Ausgangsort Tabarz. Einen Zug- und Waldbahnfahrplan erhalten sie übrigens im Verkehrsamt ihres Urlaubsortes.

Winterstein

Über die Ruhlaer Skihütte zum Dreiherrnstein und zurück

(13,6 km, *grünes Dreieck*, gelber Punkt, blaues Kreuz)
Wer diese Tour durchführen will, sollte gut zu Fuß sein, gilt es doch knapp 400 m Höhenunterschied zu bewältigen. Für den Rückweg – ein Steilabstieg durch ein wildromantisches Tal – ist festes Schuhwerk erforderlich.

Vom Eingang des Verkehrsamtes „Inselsberg" in **Winterstein** folgen wir dem grünen Dreieck bis zur Ruhlaer Skihütte. Ehe wir mit unserer Tageswanderung

Burgruine der Herren von Wangenheim in Winterstein

beginnen, sehen wir uns zunächst die gleich hinter dem
Zaun gelegene **Burgruine Winterstein** an, sie gehörte
ehemals dem Geschlecht von Wangenheim (vgl. S. 59).
Weiter geht es nun durch die Grünanlagen rechts neben
dem Gemeindehaus bis zu dem bekannten Hundegrab
(vgl. S. 59).

Nachdem wir oberhalb des Gemeindehauses die Parkanlage verlassen haben, erreichen wir eine Fahrstraße.
Auf dieser halten wir uns rechts und steigen leicht bergan.
Bald haben wir die letzten Häuser hinter uns gelassen und
gelangen zu einer schönen Waldwiese. Unser Weg führt
nun am Waldsaum entlang. Nach 1 km beginnt ein Steilanstieg, eine gut befestigte Straße, der **Ruhlaer Weg**, führt
durch hohe Buchen bergan bis zur Wintersteiner Langlauf-
hütte. Hier laden Bänke zum Verweilen ein.

Unser Weg führt weiter an einer kleinen Waldwiese
vorbei bis zu einer Wegekreuzung mit Bank – wir gehen
geradeaus. Nun wird es wieder etwas steiler und der Pfad
wird schmaler. Alsbald gelangen wir auf eine alte Handels-
straße, die sog. „**Weinstraße**", die von Schmerbach kommend zum Rennsteig führt und die unser weiterer Wanderweg ist. Dieser biegt nach links ab und nach wenigen Metern erblickt man die Schutzhütte „Vordere Schwarzbach-
wiese". Auf der alten Weinstraße, die hier einen wunder-
schönen Höhenweg bildet, laufen wir parallel zur „**Vorde-
ren Schwarzbachwiese**" (630 m NN, Naturschutzgebiet
von 8,4 ha). Schon bald ergibt sich ein wunderbarer Blick
auf die Thüringer Bergwelt mit dem Großen Inselsberg.

Die Straße steigt wieder bergan, durch das Grün schimmern schon die ersten Hütten und ein Sendemast der Bundespost. Wir haben nach 5 km Weg die „**Hintere Schwarzbachwiese**" mit der **Ruhlaer Skihütte** und dem Hotel und Restaurant „Grünes Herz" erreicht. Eine Rast ist nun wohl angezeigt, bei bester Thüringer Gastlichkeit.

Nach dem Überqueren der Fahrstraße gehen wir in den Wald und folgen der Markierung gelber Strich, etwa 700 m bis zu einer Wegekreuzung mit Tisch, Bänken und einer Holzfäller-Schutzhütte. Geradeaus und an der nächsten Gabelung rechts haltend, geht es auf steinigem Weg bis zur **Hirschbalz**, die wir 1,5 km nach der Ruhlaer Skihütte erreichen. Hier am Rennsteig steht ebenfalls eine Schutzhütte, man blickt in den **Kroatengrund**.

Zunächst bleiben wir auf dem **Rennsteig** (Markierung blaues Andreaskreuz und weißes „R") und gehen durch die Schonung bis zum „**Dreiherrnstein**", den wir nach 600 m Weg erreichen. Hier wird man in angenehmer Berghüttenatmosphäre gut bewirtet. Nach erfolgter Einkehr treten wir den Heimweg an. Zunächst geht es auf dem Rennsteig weiter über den **Weißenberg** bis zum **Strohbörl**. Hier biegen wir links ab, es geht bergab, dem gelben Quadrat folgend bis zur **Scharfswiese**, kurz vor deren Erreichen lädt eine Schutzhütte zur Rast ein. Wir folgen weiter dem Bach – dem **Schnabelwasser** – und erreichen alsbald die **Ellerbrücke** (410 m NN). an welcher das Schnabelwasser in die **Emse** mündet. Somit haben wir auf unseren Abstieg vom Rennsteig einen Höhenunterschied von 330 m überwunden. Von der Brücke aus sind es noch 2,5 km bis zur Ortsmitte von Winterstein Wir folgen der Straße und erreichen nach 800 m den Ortseingang.

Wanderung zum Meisenstein und zurück

(5 km – *roter Punkt*)

Vom Eingang des Gemeindeamtes in Winterstein aus gehen wir ein Stück der Fahrstraße bergan. Wir biegen rechts (nach Westen) ein und gelangen in einen herrlichen Wiesengrund. Unser Wanderweg quert diese Wiese, und wir erreichen einen Altbuchenbestand. Links können wir in den **Otterbachsgrund** blicken. Bald kommen wir in einen jüngeren Fichtenwald, und der Weg geht leicht bergan, wir halten uns etwas rechts und gehen auf den Hochwald zu. Hier ist es meistens feucht und glitschig. Nach 2 km erreichen wir eine breite Fahrstraße – die ehemalige „Weinstraße" –, und unser Blick fällt auf einen riesigen Felskoloß – den **Meisenstein** (558 m NN). Wir gehen

Ruhlaer Skihütte

rechter Hand der Markierung folgend um den Fels herum und steigen bis zum Felsplateau auf. Nach ca. 10 Minuten haben wir den aus Porphyr bestehenden Felsen erklommen und werden mit einem herrlichen Blick auf den Thüringer Wald mit dem Inselsberg belohnt. Über den gleichen Wanderweg gelangen wir nach Winterstein zurück.

Wintersport

Einzigartig sehen die Höhenlagen des Thüringer Waldes im Winter aus. Rauhreif und Schnee geben den Wegen, Schonungen und Bäumen eine immer wieder andere Gestalt. Bizarre Fichten und vereiste Laubbäume lassen die Winterlandschaft wie eine Märchenwelt erscheinen.

Der Thüringer Wald ist auch im Winter ein bedeutungsvolles Erholungsgebiet. Die Höhenwege sind gespurt und gut markiert, so daß auch der Anfänger das Laufen in der Loipe erlernen kann. Somit besteht für die gesamte Familie die Möglichkeit, eine Skiwanderung durch das „Winterparadies" zu unternehmen.

Das hier beschriebene Wandergebiet ist ein idealer Wintersportplatz. Wenn man bedenkt, daß das **Skifahren im Thüringer Wald** noch nicht einmal 100 Jahre betrieben wird, so ist es um so erstaunlicher, daß gerade diese Sportart heute so viele Anhänger hat.

War es früher üblich, daß fast jeder Wanderweg gleichzeitig als Skiwanderweg genutzt wurde und eine Vielzahl von Spuren quer über Felder und durch Wälder verliefen, so müssen wir uns heute dem sog. „**sanften Tourismus**" stellen. Wanderwege, Skiwanderwege und Loipen sind, soweit es möglich war, getrennt angelegt. Im hier beschriebenen Wandergebiet gibt es eine Vielzahl von **Loipenschleifen**, die im Winter mit Hinweistafeln und Markierungszeichen versehen sind. Jede Loipe ist mit einer Nummer gekennzeichnet und meistens als „Einbahnstraße" angelegt, um auch dem ungeübten Skifahrer die größtmögliche Sicherheit zu geben. Loipen und ein großer Teil der Skiwanderwege werden täglich mit speziellen Motorschlitten gespurt, dabei werden teilweise auch Winterwanderwege zu den bedeutungsvollsten Ausflugszielen verdichtet, um ihre Begehbarkeit zu erleichtern.

Loipen sind keine Wanderwege – für den Wanderer besteht auf abschüssigen Strecken Lebensgefahr! Dem Langläufer sei gesagt, daß die Wanderwege auch im Winter nur von den Wanderern benutzt werden dürfen, das Verlassen der Loipen ist unerwünscht und in bestimmten Schutzgebieten strafbar.

Informationen über Loipen und Skiwanderwege entnehmen Sie bitte den örtlichen Aushängen oder erfragen Sie bei den örtlichen Informationen „**I**".

Natur- und Denkmalschutzobjekte

Naturschutzgebiete und Flächennaturdenkmale
Artenreiche Eichen-Hainbuchen-Wälder stehen z. B. bei Schnepfenthal im **Naturschutzgebiet Oberhardt**, nahe dem historischen Turnplatz der Salzmannschule, unter Behandlungsrichtlinie. Die Waldbestände setzen sich vorwiegend aus Trauben-Eiche, Stiel-Eiche, Berg-Ahorn, Rot-Buche, Sommer-Linde, Gemeiner Esche, Winter-Linde und Hainbuche zusammen. Obere und untere Baumschicht gehen beinahe unmerklich ineinander über, und eine artenreiche Krautschicht bedeckt größtenteils den Boden. Die Entwicklung der Wälder an der Oberhardt wurde in forstwissenschaftlichen Annalen seit Jahrhunderten genau dokumentiert, und daher sind die naturnahen Bestände auch unter dem Aspekt der historischen Waldentwicklung von großem Interesse.

Für die Waldgesellschaften der unteren Bergstufe soll das **Naturschutzgebiet Kleiner Wagenberg** mit dem Felsental bei Tabarz als repräsentativ gelten. In den

Roter Fingerhut –
Charakterpflanze an
Wegrändern und
Waldlichtungen

von der Rot-Buche beherrschten naturnahen Beständen
kommt an der nordwestlichsten Verbreitungsgrenze noch
die Weiß-Tanne vor. Zwar haben die mehr als hundert-
jährigen großen Bäume stark unter den Folgen der Luftverschmutzung zu leiden, und ihre Nadeln stehen recht
schütter an den Ästen, aber dennoch kommt es, z. B. im
Gegensatz zum Biosphärenreservat Vessertal bei Schmiede-
feld, hin und wieder zur natürlichen Verjüngung der so
stark gefährdeten Nadelholzart. Prächtige Exemplare
der Gemeinen Fichte und des Berg-Ahorn bestimmen
die Struktur eines Mischwaldes, der noch im 18. Jahrhundert für die Höhenlagen des Thüringer Waldes zwischen
400 und 700 Meter typisch war.

Wollen wir uns an naturnahen Wäldern im Thüringer
Wald erfreuen, so sollten wir unsere Wanderung zum
Inselsberggipfel fortsetzen. Im Naturschutzgebiet am
Gipfel dieses Berges hat die Rotbuche ihre in Thüringen
am höchsten gelegenen Bestände (vgl. auch S. 9 ff.).

Nicht nur klimatische, sondern auch geologische Unterschiede sind die Ursache für die Entwicklung des Blau-
gras-Buchen-Waldes mit zahlreichen südeuropäischen
Florenelementen am Burgberg bei Waltershausen und
an den Wartbergen bei Schmerbach. Im **Naturschutzgebiet
„Burgberg-Kräuterwiese"** treten u. a. Kleinarten der
Mehlbeere auf, die als Endemiten nur auf die Waltershäuser Vorberge des Thüringer Waldes beschränkt sind.

Feuerlilie und Grüne Nieswurz gehören zu Vertretern der Kategorie C der Artenschutzbestimmung. Es handelt sich dabei um recht seltene Organismen, die bereits schon früher zu den Raritäten zählten.

Waldwiesen sind die hellen und bunten Augen unseres Thüringer Mittelgebirges. Im Mittelalter durch Waldrodung angelegt und durch einschnürige Mahd regelmäßig genutzt und gepflegt, entwickelten sich artenreiche und farbenfroh blühende Vegetationsformen. Trollblumen, Kopfige Teufelskrallen und Breitblättriges Knabenkraut waren einst keine Besonderheiten und setzten gelbe, blaue und rötliche Farbtupfer im Wiesenteppich. Der Botaniker entdeckte hier und da die heute vom Aussterben bedrohten Orchideen Duftende Händelwurz, Alpen-Weißzunge, Grüne Hohlzunge und Holunder-Knabenkraut. Dieser Reichtum der Natur wurde verschenkt und vernichtet! So wurde z. B. in den sechziger Jahren der letzte Standort der Duftenden Händelwurz durch den Bau des Parkplatzes an der Grenzwiese durch Asphalt „versiegelt" und andere Wiesen wurden, so z. B. die einstmals so herrlichen Bestände bei Fischbach und Tabarz, zu Weiden umfunktioniert. Die gefräßigen Rinder, mit besonderem Appetit auf krautige Pflanzen, ließen nur noch Rasen-Schmiele, Krausen Ampfer und einige zähblättrige Gräser übrig. An den unzugänglichen Stellen im Gebirge unterblieb jegliche Nutzung, und das konkurrenzstarke Borstgras breitete sich ungezügelt aus. Es verdrängte Heilkräuter und Orchideen.

Bergwiese im Thüringer Wald

Trollblumen, Köpfige Teufelskrallen und Breitblättriges Knabenkraut sind heute bestandsgefährdet.

In den **Naturschutzgebieten Kräuterwiese** bei Waltershausen, **Schwarzbachwiese** bei Winterstein und den **Flächennaturdenkmälern Rotenbergswiese** bei Tabarz und **Stockwiese** am Rennsteig haben vom Aussterben bedrohte bestandsgefährdete naturgeschützte Arten letzte Refugien erhalten.

Neben dem Gothaer Park ist auch der **Reinhardsbrunner Park** als Objekt in der zentralen Denkmalliste vermerkt. Als Meisterwerk der Gartenarchitektur steht er selbstverständlich auch unter Naturschutz.

1830 von Eulefeld angelegt, entspricht seine ganze Konzeption dem Empfinden der Romantik. Im Stil eines englischen Parks verschmelzen Wiesen, Baumgruppen, Solitärbäume und Wasserflächen zu einer nicht enden wollenden Landschaft. Die ältesten Bäume sind zweifellos Mönch- und Abtslinde, die gleichsam Eckpfeiler im Ensemble der Gehölze bilden. Vor wenigen Jahren wurde leider einer der beiden ehrwürdigen Baumgiganten durch Sturm schwer geschädigt. In der ersten Hälfte des 19. Jahrhunderts war es modern, Exoten und Varietäten in der Parkgestaltung an exponierter Stelle zu verwenden. Varietäten der Rotbuche bilden als Hängebuche, Schlitzblättrige Buche und Blutbuche im Park eindrucksvoll einen regelrechten Dom aus Ast- und Blattwerk, während eine ganze Reihe nordamerikanischer Koniferen, unter ihnen mehrere Nordmanns-Tannen, deutliche Kontraste setzen. Seit Jahrzehnten wurden die Werte des Reinhardsbrunner Parks stark vernachlässigt, und man versäumte auch eine planmäßige Verjüngung des stark überalterten Gehölzbestandes. Einstmals stattliche Exemplare haben ihre Schönheit eingebüßt oder sterben bereits ab. Die „goldene Axt" des Parkgestalters muß auch dem Zahn der Zeit Rechnung tragen und für eine Innovation sorgen. Spontan aufkommender Wildwuchs ist in einem Kunstwerk der Parkgestaltung keine Alternative. Botanisch wertvoll sind auch die artenreichen und farbenfroh blühenden Wiesengesellschaften. Einschürige Mahd ohne jegliche Düngung läßt dabei ökologisch produktive Systeme entstehen. Hier hat auch der Knollenkümmel *(Conopodium mabus)* seinen einzigen Fundort in Thüringen.

Goethe hatte wiederholt den Park aufgesucht, und sein Lieblingsplatz war ein uralter steinerner Tisch nahe der ehrwürdigen Linde. Hier führte der Genius Gespräche mit Herder, und sicher war auch der Botaniker Goethe von der ihn dort umgebenden Natur begeistert.

Fließende Übergänge vollziehen sich zwischen dem Park im engeren Sinne und einem Außenpark, der kaum merklich den Kontakt zur offenen Landschaft herstellt. Mächtige Eichen, Buchen und Linden am „**Pilgerweg**" oder „**Elisabethenweg**" in Richtung Marienglashöhle kennzeichnen noch heute dieses Gelände. Auf der Höhe der nördlich an den inneren Park angrenzenden Fohlenkoppel besteht eine ringförmige Buchenpflanzung, die „**Zwölf Apostel**" genannt. Die Eigenartigkeit dieses sog. Bannringes läßt nach Helmut Wildner auf eine frühe nichtchristliche Bedeutung schließen.

Architektur- und Geschichtsdenkmale
Engelsbach

Kapelle. Sie wurde in einem zweigeschossigen ehemaligen Schulgebäude von 1779 eingerichtet (Dorfstr. 8). Es handelt sich um einen verputzten Fachwerkbau mit bemalter Decke und Emporenbrüstungsfeldern.

Nothmühle. In der Schönauer Str. 2 befindet sich diese alte Mühle. Sie besitzt ein Schaufelrad mit eisernen Schaufeln aus dem Jahre 1709.

Paradiessteine. Diese Steinplastiken wurden 1713 von einem Gothaer Ratsherren angekauft und im Garten des Wirtshauses „Zum Paradies" (Hauptstr. 34) aufgestellt. Es handelt sich dabei u. a. um ein Tympanon mit Darstellung Christus' als Weltenrichter (2. Hälfte 16. Jh.; stammt vom ehemaligen Gothaer Rathaus) und ein Relief mit dem Baum der Erkenntnis (17. Jh.; stammt vom ehemaligen Haus „Zum Paradies" in Gotha).

Finsterbergen

Kirche. Vierachsiger, rechteckiger Putzbau von 1728 bis 1730. Reiche, einheitliche Innenausstattung (u.a. Kanzelaltar, Taufgestell) aus der Mitte des 18. Jahrhunderts, die Ausmalung von 1739 (Deckenbilder, Emporengemälde).

Die Orgel wurde 1830 von Ludwig Ratzmann (Ohrdruf) eingebaut.

Totenbrücke. Sie liegt im Leinatal unterhalb der Riesenfichte. Die Brücke wurde im Jahre 1857 aus Naturstein erbaut.

Totenbrücke im Leinagrund bei Finsterbergen

Fischbach

Fachwerkhäuser. Besonders sehenswert sind das Fachwerkgiebelhaus in der Wintersteiner Str. 51/52 (18. Jh.) und das sog. „Schloß" in der Tabarzer Str. 2 (Ende 16. Jh.).

Kirche. Der vierachsige Rechteckbau (1652–1672 erbaut) besitzt im Innern eine Doppelempore. Historisch wertvoll ist die Orgel (vor 1900).

Ehem. Schloß. Das Wohnhaus in der Borngasse 28 wurde 1639 durch Hans Ludwig von Wangenheim als Schloß errichtet. Interessant sind an diesem Gebäude die Stuckdecke und originell dekorierte Türen im Obergeschoß (17. Jh.) sowie der große Keller mit Tonnengewölbe.

Friedrichroda

Fachwerkhäuser. Die Stadt besitzt mehrere wertvolle Fachwerkbauten u. a. in der Bachstr. 14 („Kurortarchitektur" des 19. Jh.), Bachstr. 15 (ehem. Hintermühle), Grund 6 (18. Jh.) und im Bereich des Kalten Marktes (ehem. Wäschebleichplatz mit Bachdurchlauf).

Katholische Kirche. In ihr befindet sich ein dreiflügeliger Schnitzaltar. Die Flügel sind bemalt (um 1500). Unter gotischen Baldachinen stehen mehrere Figuren vor goldenem Hintergrund.

Kirche St. Blasius. Der einschiffige Barockbau entstand 1770. Der spätgotische Turm von 1511 stammt noch vom Vorgängerbau. Im Innern der Kirche befindet sich ein sehenswerter Taufstein (um 1600).

Schloß Reinhardsbrunn. Der Thüringer Landgraf Ludwig der Springer gründete 1085 das Benediktinerkloster

Schloß Reinhardsbrunn mit Schloßkapelle

Reinhardsbrunn. Es entwickelte sich im 13. Jahrhundert zum geistigen Zentrum Thüringens, wurde jedoch während des Bauernkrieges 1525 zerstört. Unter Herzog Friedrich Wilhelm von Sachsen-Weimar erfolgte 1601 der Bau eines Amtshauses (heutige Hirschgalerie). Bis 1611 entstanden weitere Gebäude, u. a. das „Neue Gebäude" (die heutige Kirchgalerie), das „Hohe Haus" und die Schloßkirche. Wesentliche Umgestaltungen erfolgten 1827 bis 1874 unter den Herzögen von Sachsen-Coburg und Gotha, es entstand der heutige Schloßkomplex als Jagd- und Lustschloß. Die Innenräume wurden künstlerisch reich ausgestattet (im „Hohen Haus" hervorragende Deckenmalereien von Ludwig Poser, um 1830). Die umgebende Parkanlage wurde nach 1830 durch Leonhard Eulefeld nach Prinzipien eines klassischen Landschaftsgartens angelegt. Er war ursprünglich im Innenpark (innerhalb der Klostermauer) und Außenpark gegliedert (vgl. auch S. 55).

Tabarz

Fachwerkhäuser. Einige wertvolle Bauten befinden sich in der Reinhardsbrunner Straße, u. a. sind dies die Nr. 1 (heute verschiefert, Ende 18. Jh.). In der Walther-Rathenau-Str. 2 steht ein Fachwerkgebäude, das in seinem Kern auf 1680 zurückgeht. Im Ortsteil Cabarz sind die Fachwerkgiebelhäuser in der Lindenstr. 8 (1668) und in der Fischbacher Str. 2 (2. Hälfte 17. Jh.) sehenswert.

Kirche in Cabarz. Nach einem Brand erfolgte 1669 die Errichtung des heutigen Gebäudes einschließlich des östlichen Sakristeieinbaus.

Kirche St. Peter und Paul. Es handelt sich um einen neobarocken Rechteckbau (1913/14) mit einer reichen einheitlichen Innenausstattung.

Musiksaal – Dieser Saal befindet sich in einem Villenbau des 19. Jahrhunderts (Friedrichrodaer Str. 15). Hervorzuheben ist die reiche einheitliche historisierende Innenausstattung.

Zentrum des Tabarzer Ortsteils Cabarz

Schmerbach

Fachwerkhäuser. Sehenswert sind u. a. folgende Objekte: Ernst-Thälmann-Str. 27 (um 1800), Theodor-Neubauer-Str. 7 (1760) und Untergasse 21 (Anfang 18. Jh.)

Schwarzhausen

Fachwerkhäuser. Im Ort gibt es zahlreiche interessante Fachwerkhäuser, u. a. in der Deubergstr. 1 (17. u. 18. Jh.), in der Hauptstraße Nr. 12, Nr. 22 (sog. „Kaiserhaus", um 1700) und Nr. 28, in der Mühlgasse 8 sowie in der Wintersteiner Str. Nr. 12 und Nr. 24 (sog. „Altes Amt", Keller mit Tonnengewölbe von 1613 mit Erweiterungen im 18. Jh.). In der Wintersteiner Str. 6 befand sich das Schloß derer von Uetterodt, das 1868 abgerissen wurde. An gleicher Stelle steht heute die „Alte Schule"(1869, tonnengewölbter Keller, Wappenkartusche von 1699 stammt vom Vorgängerbau).

Kirche St. Peter und Paul. Der Westturm wurde vor 1505 errichtet. Das Schiff und die Treppenhäuser in romanisierenden Formen wurden 1850 neu aufgeführt. Im Innern sind ein Relief (1522), zehn Skulpturen vom ehem. Flügelaltar (Anfang 16. Jh.) und der Taufstein (1623) sehenswert.

Winterstein

Burgruine Winterstein (Foto S. 49). Die von drei Seiten mit einem breiten Wassergraben versehene Anlage erhebt sich in der Mitte des Ortes. Die Burg wurde vor 1250 errichtet. Aus dieser Periode sind nur noch einige Reste des Bergfrieds und des Palas erhalten (Rundbogenfenster). Von dem zwischen 1513 und 1560 erfolgten Ausbau zeugt noch ein spätgotisches zweiteiliges Spitzbogenfenster. Die Burg verfiel seit 1638; an ihre Stelle traten später einige Gutsgebäude.

Kirche St. Johannis. Der schlichte Saalbau mit einem hölzernen Tonnengewölbe und einer umlaufenden Empore wurde 1703 errichtet. Die Ausstattung stammt aus der 1. Hälfte des 19. Jahrhunderts.

Stutzelgrab. Am westlichen Abhang der Burgruine befindet sich ein Grabstein mit dem Relief eines Hundes und einer Inschrift. Den Grabstein ließen der fürstlich-sächsische Jägermeister Christoph von Wangenheim und seine Frau Anna geb. von Seebach setzen. Der Hund war viele Jahre verläßlicher Nachrichtenbote für das herrschaftliche Haus.

Schlechtwetter – was nun ?

Einige Tips und Empfehlungen aus diesem Raum!

Mit der Thüringer Waldbahn
- nach Tabarz ins Erlebnisbad
- nach Friedrichroda zur Marienglashöhle
- nach Waltershausen: Schloß Tenneberg
- nach Gotha: Schloß Friedenstein mit Museen, Naturkundemuseum

Ohrdruf:	Tobiashammer
Luisenthal:	Brauereimuseum
Engelsbach:	Glasbläser
Arnstadt:	Mon Plaisir, ein Puppenstubenmuseum ganz besonderer Art
Eisenach:	Wartburg
Walldorf:	Märchenhöhle
Erfurt:	Museen und Dom
Weimar:	Gedenkstätten der deutschen Klassiker, Mahn- und Gedenkstätte KZ Buchenwald, Museen (u.a. einziges deutsches Bienenmuseum
Mühlhausen:	Rathaus und Gedenkstätten Deutscher Bauernkrieg
Saalfeld:	Feengrotten
Schmalkalden:	Schloß Wilhelmsburg und Neue Hütte
Asbach:	Schaubergwerk
Schweina:	Altensteiner Höhle

Thüringerwaldbahnfahrt – ein besonderes Erlebnis!

Seit 1929 bietet die schmalspurige elektrische Thüringerwaldbahn von Tabarz, Friedrichroda und Waltershausen aus eine praktische Überlandverbindung in die alte thüringische Residenzstadt und jetzige Kreisstadt unseres Wandergebietes, nach Gotha. Für viele Reisende und Urlauber ist sie inzwischen eine einzigartige Touristenattraktion geworden. (Für technisch interessierte Besucher ist die Broschüre „Die Thüringerwaldbahn und Straßenbahn Gotha" von B. Blickensdorf aus dem gleichen Verlag zu empfehlen!)

Schema des Streckennetzes der Thüringerwaldbahn

Nachdem 1894 Gotha seine elektrische **Straßenbahn** (heute Linie 1) als eine der ersten in Deutschland in Betrieb genommen hatte, wurden bald Pläne für die Weiterführung in die nähere Umgebung entwickelt.

Am 17. Juli 1929, nahm die **„Thüringerwaldbahn"** mit dem ersten Zug ab 14.30 Uhr vor dem Hauptbahnhof Gotha ihren Betrieb auf der 21,7 km langen Strecke auf. Seitdem hat sie als beliebtes Überlandverkehrsmittel viele Millionen Fahrgäste im Reise- und Berufsverkehr befördert.

Die Fahrt mit der Thüringerwaldbahn von Tabarz nach Gotha dauert fast eine Stunde. Die landschaftlich schöne

Hier wird die Waldbahn ihrem Namen besonders gerecht – Historischer Zug zwischen Tabarz und Friedrichroda

Strecke der Thüringerwaldbahn bietet eine abwechslungs-reiche Fahrt, zunächst von Tabarz und Friedrichroda aus in waldreicher Umgebung, dann durch die Offen-landschaft des nördlichen Vorlandes des Thüringer Wal-des bis nach Gotha.

Auf ihrer Fahrt berührt die Bahn Orte und Sehens-würdigkeiten, die wir schon auf unseren Wanderungen kennengelernt haben. Nach Tabarz sind dies in der Rei-henfolge der Haltestellen die Marienglashöhle, Friedrich-roda, Reinhardsbrunn mit Schloß und Park, die Rein-hardsbrunner Teiche, Schnepfenthal und nach Umsteigen am Gleisdreieck auch Waltershausen.

Der Endpunkt der Thüringerwaldbahn, die alte Resi-denz Gotha (rund 50 000 Einwohner), ist bei jedem Wet-ter einen Besuch wert. Aussteigen sollte man dort am Myconiusplatz oder am Bertha-von-Suttner-Platz, um ei-nen Bummel durch die Altstadt, über den Hauptmarkt und die Wasserkunst, hin zum Schloß Friedenstein zu machen. Hier sind heute z.T. spektakuläre museale Schätze aus vielen Jahrhunderten zu sehen.

Allgemeine Informationen

Besucherservice – Touristeninformation

99898 Engelsbach
(Ortsteil, 440 m NN, 275 Einwohner/30.06.96)
Einheitsgemeinde „Leinatal",
Sitz in 99894 Schönau v.d.W., Hauptstraße 10,
Tel. 036253/326-0;

Übernachtungsmöglichkeit und gastronomische Einrichtungen
Hotel Engelsbach, Waldstraße 23,
Tel. 03623/3 61 60 u. 30 43 40;
„Paradies", Hauptstraße., Tel. 03623/30 45 52
Sauna: im Hotel Engelsbach;
Sportanlagen: Kegelbahn und Kleinsportanlage sowie Minigolf im bzw. am Hotel Engelsbach;
Glasschmuck-Werkstatt bei W. Eccarius, Haupt-
straße 1c, Tel. 03623/20 02 88.

Bus- und Bahnverbindungen: ganztägig Busverbindung nach Friedrichroda–Reinhardsbrunn, dort Bahnanschluß, Tagesausflüge mit Auto, Bus und Bahn nach Gotha, Er-furt/Weimar, Eisenach oder Mühlhausen und nach Tam-bach-Dietharz, Oberhof und Brotterode.

99898 Finsterbergen

(419–710 m NN, 1 560 Einwohner/30.06.1996),
Mitglied in der Verwaltungsgemeinschaft „Reinhardsbrunn",
Sitz in 99894 Friedrichroda, Gartenstraße 9,
Tel. 03623/3 300;
Zimmervermittlung: Fremdenverkehrsamt „i"
Finsterbergen, Hauptstraße 17, Tel. 03623/30 61 22,
Fax 03623/30 63 96;
Hotels und Gaststätten:
IFA-Hotel „Rennsteigblick", Kurhausstraße 12,
   Tel.: 03623/30 62 00 – 6202, Fax 03623/30 62 03,
„Landgasthof zur Linde", Hauptstraße 30,
   Tel. 03632/30 65 92,
Hotel und Restaurant „Waldfrieden", Am Steiger 26,
   Tel. 03623/30 61 00,
Hotel „Zur Tanne", Hauptstraße 37,
   Tel. 03623/30 61 25,
Gasthof „Zum Anker", Angerstraße 18;
   Tel. 03623/30 61 05,
Gasthof „Zum Leinatal", Tambacher Straße 19,
   Tel. 03623/30 62 77,
Waldgaststätte „Hüllrod-Baude", Am Hüllrod,
   Tel. 03623/30 61 75,
Gaststätte „Zur wilden Sau", Schenksgasse 2,
   Tel. 03623/30 61 76,
Café und Konditorei Protzmann, Hauptstraße 41,
   Tel. 03623/30 62 59,
Imbiß-Café „Süße Ecke", An der Hauptstraße,
   Tel. 03623/30 65 28,
„Reiterhof am Rennsteig", Spießbergstraße 1,
   Tel. 03623/30 65 92;
Ausflugsgaststätten der Umgebung
„Ebertswiese", Tel. 03683/60 64 51,
„Vierpfennighaus", Tel. 036252/3 64 38,
Campingplatz Paulfeld, Tel. 036253/2 51 71,
Spießberghaus, Tel. 03623/30 45 50;

Museum: Heimatmuseum „Heinemannhaus",
Lindenstraße 1;
Bibliothek: Hauptstraße 17;
Bad: Freizeit- und Erlebnisbad (u. a. mit Riesenrutsche),
Friedrichrodaer Weg, Tel. 03623/30 62 17;
Sauna: im IFA-Hotel „Rennsteigblick";
Sport- und Freizeitanlagen: Tennisplätze, Minigolf-
anlage, Kegelbahn am Freizeit- und Erlebnisbad; Kegel-
bahn mit automatischer Aufstellanlage im IFA-Hotel
„Rennsteigblick", Reiterhof „Am Rennsteig" (Spießberg-

Gotha und Umgebung

▨▨▨	Kreisgrenze
━━□━━	Haupt- und Neben-bahn mit Bahnhof
━━━	Thüringerwaldbahn mit Haltestelle
⊐⊏ ⊢--◂	Brücke; Tunnel
Gotha **4**	Bundesautobahn mit Anschlußstelle
7	Bundesstraße
━━━	Landesstraße
⋯⋯⋯	sonstige Straße
••••••	Rennsteig
♪	Burg, Schloß
♪	Burg-, Schloßruine
♪	Aussichtsturm
∩	Höhle
⇁	Sprungschanze

© Justus Perthes Verlag Gotha GmbH 1996

m
900
800
700
600
500
400
300
200

Maßstab 1 : 200 000

0   1   2   3   4   5km

straße 1, Tel. 03623/30 65 83, Gaststätte) mit Reittouristik sowie Kutsch- und Schlittenfahrten;
Sparkasse: Hauptstraße 17, Tel. 03623/30 62 31;
Bus- und Bahnverbindungen: ganztägig Busverbindung nach Friedrichroda–Reinhardsbrunn, dort Bahnanschluß, Tagesausflüge mit Auto, Bus und Bahn nach Gotha, Erfurt/Weimar, Eisenach oder Mühlhausen, ganztägig Busverbindung nach Tabarz mit Anschluß nach Ruhla und Eisenach oder nach Georgenthal mit Anschluß Oberhof, Tambach-Dietharz.

99891 Fischbach
(350 m NN, 500 Einwohner/30.06.1996)
Ortsteil und Sitz der Gemeinde „Emsetal",
Tabarzer Straße 3, Tel. 036259/56 60;
Zimmervermittlung: über Verkehrsamt „i" „Inselsberg", 99891 Winterstein, Am Wallgraben 1, Tel. 036259/5 11 60;
Gaststätten
Gasthaus „Zur Linde", Tel. 036259/21 14,
Griechisches Restaurant „Korfu", Tel. 036259/25 66,
Restaurant „Rennsteig", Tel. 036259/20 38,
Gasthaus „Zur Bergbühne", Tel. 036259/6 13 87;
Ausflugsgaststätten – siehe Tabarz;
Theater: Freilichtbühne (in der Sommersaison an jedem Wochenende Vorführungen);
Post: Postagentur, Tabarzer Straße 1;
Bus- und Bahnverbindungen: ganztägig Busverbindung nach Tabarz (Anschluß nach Gotha) sowie nach Ruhla und Eisenach (Bahnanschluß).

99894 Friedrichroda
(420 m NN, ca. 6000 Einwohner/30.06.1996,
Sitz der Verwaltungsgemeinschaft „Reinhardsbrunn",
Gartenstraße 9, Tel. 03623/33 00;
Zimmervermittlung: Kur- und Tourismus GmbH „i" Friedrichroda, Marktstraße 13/15, Tel. 03623/30 45 75, 20 06 93, Fax 03623/20 06 94;
Jugendherberge: JH Friedrichroda, Am Herzogsweg 25, Tel. 03623/30 44 10;
Hotels und Gaststätten
EUROMILL Berghotel Friedrichroda, Bergstraße,
 Tel. 03623/30 45 65,
„Hotel-Restaurant im Grund", Im Grund 3–5,
 Tel. 03623/30 45 83,
TRAVEL CHARME HOTEL Schloß Reinhardsbrunn,
 Kavaliershaus, Tel. 03623/30 42 53,

Eiscafé Adam, Hauptstraße 15, Tel. 03623/20 09 36,
Hotel „Sonnenblick", Schweizer Straße 9,
Tel. 03623/20 09 02,
Café und Konditorei „Waldschlößchen" Im Grund 4,
Tel. 03623/30 43 55,
Thüringer Hof, Bahnhofstr. 20, Tel. 03623/30 43 65,
Pension „Schauenburgmühle", Schmalkalder Str. 57,
Tel. 03623/30 44 41,
Hotel „Phönix", Tabarzer Str. 2, Tel. 03623/20 08 80,
„Bistro Wintergarten", Hauptstr. 48, Tel. 03623/20 04 34,
Boulevard „Steak & Pizza", Hauptstraße 43,
Tel. 03623/30 43 72,
„Forstklause", Hauptstraße 40, Tel. 03623/30 43 85,
Gisels Gaststätte, Friedrichsplatz 5, Tel. 03623/30 44 35,
Imbißstübchen – R. Salzmann, Lindenstraße 15,
Tel. 03623/30 41 65,
„Körnbergblick", Bahnhofstraße 43,
Tel. 03623/20 09 20/21,
„Körnbergquelle", Engelsbacher Straße 18,
Tel. 03623/30 46 21,
Landhaus Machold, Im Grund 8, Tel. 03623/20 08 99,
Pizza Eck, Wilhelmstraße 1, Tel. 03623/30 44 81,
„Quelle", Schweizer Straße 30, Tel. 03623/30 46 81,
„Zum kühlen Tal", Schmalkalder Straße 24,
Tel. 03623/30 49 21,
„Zur alten Backstube", Lindenstr. 3, Tel. 03623/3 61 70,
„Schillereck", Schillerstraße , Tel. 03623/30 49 94,
„Steak-House", Tabarzer Str. 15, Tel. 03623/30 41 25,
Thüringer Bratstube, Wilhelmstraße 15,
Tel. 03623/30 44 30,
Café-Restaurant „Waldbaude", Gottlob 3,
Tel. 03623/30 69 92,
Café Busch, Hauptstraße 19, Tel. 03623/30 44 06,
Café Heß, Wilhelmstraße 1, Tel. 03623/30 43 00,
Chausseehaus, Im Grund 2, Tel. 03623/30 43 12,
Brauhaus, Bachstraße 14, Tel. 03623/30 42 59,
Waldgasthaus „Sankt Marien" an der Marienglashöhle,
Tel. 03623/30 48 53,
Fisch-Imbiß, Fischereigehöft – Reinhardsbrunn,
Tel. 03623/30 44 64.
Ausflugsgaststätten der Umgebung
Heuberghaus, Tel. 03623/30 44 92,
Höhlenrestaurant, „Sankt Marien", Tel. 03623/30 48 53,
Hotel und Berggasthof „Tanzbuche", Tel. 03623/30 44 38,
(siehe auch Finsterbergen und Tabarz).
Museen: Heimatstube Friedrichroda, Reinhardsbrunner
Straße 6, Tel. 03623/20 05 57,

Marienglashöhle Friedrichroda, eine der größten Kristall-
grotten mit Marienglas in Europa, Tel. 03623/30 49 53;
Öffnungszeiten: 01.10.–14.04. 9–16 Uhr, 15.04.–30.09.
9–17 Uhr;
Bibliothek: Stadt- und Kurbibliothek, Hauptstraße 45,
Tel. 03623/30 45 64.
Bäder: Hallenbad (im Euromill Berghotel Friedrichroda),
Schwimmbad Friedrichroda, Am Puschkinpark;
Sauna: im Berghotel Friedrichroda, Gaby´s Schwitz-
kästchen, Struthsgasse 3, Tel. 03623/30 40 88;
Sportanlagen: mehrere Kleinsportanlagen, Tennisplatz,
Kegelbahn im „Thüringer Hof",
Gondelteich Friedrichroda (Breterteich), Kutsch-, Plan-
wagenfahrten, Reittouristik;
Theater: Bergtheater an der Gottlobwiese (Vorführungen
laut Veranstaltungskalender);
Kino: Kurfilmbühne Friedrichroda, Gartenstraße 22 a,
Tel. 03623/20 09 08;
Post: Lindenstraße 4;
Volksbank: Hauptstraße 35;
Sparkasse Alexandrinenstraße 6;
Apotheken: Hof-Apotheke, Marktstraße 7;
Tel. 03623/3 66 00, Perthes-Apotheke, Bebraer Straße 1,
Tel. 03623/20 08 70;
Taxi: 03623/30 40 67 u. 0 3; 03623/30 42 83;
03623/30 40 64.
Bus- und Bahnverbindungen: Bahnanschluß nach Frött-
städt (Umsteigen in Richtung Gotha - Erfurt/Weimar oder
Eisenach),
Thüringerwaldbahn nach Tabarz bzw. Waltershausen–Go-
tha (Bahnanschluß), Tagesausflüge nach Erfurt/Weimar,
Eisenach oder Bad Langensalza/Mühlhausen zu empfeh-

Marienglaskristall aus der Marienglashöhle bei Friedrichroda

len, ganztägig Busverbindung nach Finsterbergen, Tambach-Dietharz und Schmalkalden (Bahnanschluß); Busverbindungen nach Brotterode, Eisenach, Oberhof und Trusetal/Bad Liebenstein, von Friedrichroda mit dem Thüringer Waldexpress zum Rennsteig (Fahrten Berghotel – Heuberghaus, s. Fahrplan Winter/Sommer).

99891 **Tabarz**

(420–916 m NN, 4430 Einwohner/30.06. 1996)
Gemeindeverwaltung Tabarz, Theodor-Neubauer-Park 1, Tel. 036259/56 40;
Zimmervermittlung: über Kurgesellschaft „i" Tabarz mbH, Zimmerbergstr. 4, Tel. 036259/56 00, Fax 036259/5 60 18;
Jugendherberge:JH„GroßerInselsberg",Tel.036259/23 29;

Hotels und Gaststätten
Hotel „Schweizerhaus", Lauchagrundstraße 76,
    Tel. 036253/22 62/64,
Hotel Frauenberger Tabarz, Max-Alvary-Straße 9,
    Tel. 036253/52 20,
Hotel „Zur Post" – Restaurant, Lauchagrundstr. 16,
    Tel. 036259/5 11 11,
Ferienhotel „Am Zimmerberg"-Restaurant, Zimmerbergstraße 14, Tel. 036259/22 96,
Hotel „Kleines Palais", Lauchagrundstraße 31,
    Tel. 036259/23 34,
Hotel „Waldhütte"-Restaurant, Lauchagrundstr. 44,
    Tel. 036259/23 34,
Hotel „Germania"-Restaurant, Friedrichrodaer Straße 11,
    Tel. 036259/550,
Waldcafe „Deysingslust", Tel. 036259/2044,
Gasthaus „Zum Laternchen", Karl-Kornhaß-Str. 14,
    Tel. 036259/5 83 65,
Eiscafé „Fügner", Zimmerbergstr. 1, Tel. 036259/5 81 25,
Kormann's „Pilseck", Langenhainer Straße 31,
    Tel. 036259/21 63,
Restaurant & Café „Am Kurpark", Lauchagrundstraße 15, Tel. 036259/20 56,
Café „Waldbahn", Reinhardsbrunner Straße 47,
    Tel. 036259/5 88 26,
Café „Struwwelpeter" (mit Ausstellung), Reinhardsbrunner Straße,
Romantik-Schenke, Inselsbergstraße 83, Tel. 036259/5 02 33,
Café-Bistro-Restaurant „Zum Thüringer", Schwarzhäuser Straße 24, Tel. 036259/24 40,
„Mönchers Kaffeestube", Datenbergstraße 1,
    Tel. 036259/23 31,

Schnellimbiß – Waldbahnhaltestelle, Reinhardsbrunner Str.,
Konditorei-Café „Kornhaß", Reinhardsbrunner
    Straße 13, Tel. 036259/22 71,
Gasthaus „Zum Stern", Walter-Ratenau-Straße 59,
    Tel. 036259/21 31,
Inselsberger Hof, Inselsbergstraße 92, Tel. 036259/23 16,
Brauhaus „Asiatisches Spezialitäten-Restaurant",
    Langenhainer Straße 9, Tel. 036259/5 08 47,
Eistüte „Am Brühl", Brühl 1, Tel. 036259/22 27.
Ausflugsgaststätten der Umgebung
Großer Inselsberg, „Berggasthof Stöhr",
    Tel. 036840/3 24 25,
Großer Inselsberg, Hotel „Stadt Gotha", Tel. 036259/23 67,
„Kleiner Inselsberg", Tel. 036840/3 24 53,
Gaststätte „Zum Reitstein", Tel. 036840/3 24 94,
Ruhlaer Skihütte , Tel. 036929/34 34,
Waldbaude „Dreiherrnstein", Tel. 036840/3 25 31,
Gaststätte „Mommelstein", Tel. 036840/3 22 72,
Waldgaststätte „Geißenalm", Tel. 036929/35 84,
(siehe auch Finsterbergen und Friedrichroda).

Bibliothek: Kur- und Gemeindebibliothek, Zimmerberg-
straße 4 (1. Etage), Tel. 036259/5 60 16;
Bäder: Tabarzer Kur- und Familienbad **TABBS**, Karl-
Kornhaß-Straße (mit Erlebnisbecken, Ausschwimmbecken,
Kinderbecken, Großrutschenanlage, ein Sportbecken mit
25m-Bahnen, Außenschwimmbecken mit Kinderbereich,
Saunalandschaft, Solarien, zwei Restaurants sowie einer
Kurmittelabteilung für medizinische Wannenbäder, Mas-
sagen, Inhalationen u.a.m., Eröffnung II. Quartal 1997;
Hallenbad im Hotel „Frauenberger" Tabarz, Max-Alvary-
Straße 9 und im Landhotel „Germania", Friedrichrodaer
Straße 11;
Sportanlagen: Tennisplatz, Lauchagrundstraße 72, Klein-
sportanlagen bei größeren Hotels bzw. Übernachtungs-
stätten, Schwimmbadweg (Auskunft über Reitverein,
Tel. 036259/20 07), Sommer-Rodelbahn an der Grenzwiese
(Kleiner Inselsberg) von 1 000 m Länge (Tel. 036840/23 70),
Skiabfahrtshänge, Skilift, Rodelhang; Freizeitservice und
Verleih in der Kurgesellschaft Tabarz (Fahrräder, Motor-
roller, Motorräder, Langlaufski, -schuhe, Gleitschuhe,
Rodel, Rucksäcke, Ferngläser usw.), Skiservice/Alpiner
Skiverleih sowie Skischule/Skilehrer bei bzw. über Sport-
Hellmann, Lauchagrundstraße 13, Tel. 036259/5 08 52;
Post: Postamt, Lauchagrundstraße 20, Tel. 036259/22 20;
Sparkasse, Reinhardsbrunner Str. 38, Tel. 036259/57 00;
Volksbank Zimmerbergstraße 2, Tel. 036259/24 76;

Apotheke: Bergapotheke, Lauchagrundstraße 6,
Tel. 036259/22 28;
Taxi: Tel. 036259/5 90 00, 036259/24 44;
Bus- und Bahnverbindungen: Thüringerwaldbahn nach
Friedrichroda (Bahnanschluß) – Waltershausen – Gotha
(Bahnanschluß), Tagesausflüge nach Eisenach, Erfurt/
Weimar oder Mühlhausen zu empfehlen; ganztägig Bus-
verbindung nach Friedrichroda, weitere Busverbindung
nach Tambach-Dietharz; nach Erfurt (Bahnanschluß),
Luisenthal – Oberhof, Brotterode und Eisenach (Bahnan-
schluß), Inselsberg-Express mit Linien- und Pendelver-
kehr von Tabarz, Brotterode und Parkplatz Grenzwiese
zum Großen Inselsberg;

99891 Schmerbach
(400 m NN, 820 Einwohner/30.06.1996)
Ortsteil der Gemeinde „Emsetal",
Sitz in 99891 Fischbach, Tabarzer Str. 1, Tel. 036259/56 60;
Zimmervermittlung: über Verkehrsamt „i", „Inselsberg",
99891 Winterstein, Am Wallgraben 1, Tel. 036259/5 11 60;
Gaststätten
Waldgaststätte „Köhlerhütte", Tel. 036259/5 88 37,
Gasthaus „Zur Post", Tel. 036259/5 80 43,
Gasthaus „Zur Silberquelle", Tel. 036259/5 82 14.
Ausflugsgaststätten: – siehe Tabarz
Sportanlagen: Sportplatz „Am Schmerlingsbach" (Orts-
mitte);
Post: Postagentur Schmerbach, Waltershäuser Straße 29;
Bus- und Bahnverbindungen: ganztägig Busverbindung
nach Tabarz (Anschluß nach Gotha) sowie nach Ruhla
und Eisenach (Bahnanschluß); am Vormittag Busverbin-
dung nach Erfurt (Bahnanschluß).

99891 Schwarzhausen
(320–340 m NN, 750 Einwohner/30.06.1996)
Ortsteil der Gemeinde „Emsetal",
Sitz in 99891 Fischbach, Tabarzer Straße 1,
Tel. 036259/56 60;
Zimmervermittlung: über Verkehrsamt, „i", „Inselsberg",
99891 Winterstein/Thüringer Wald, Am Wallgraben 1,
Tel. 036259/5 11 60;
Gaststätten
Gasthaus „Zur Linde", Tel. 036259/5 80 59,
Gaststätte „Thüringer Hof", Tel. 036259/5 81 34.
Ausflugsgaststätten – siehe Tabarz;
Freizeitanlagen: Sportplatz mit Grillplatz und Festwiese,
Turnhalle, Fitneßcenter, Angelteiche;

Bus- und Bahnverbindungen: ganztägig Busverbindung nach Tabarz (Anschluß nach Gotha) sowie nach Ruhla und Eisenach (Bahnanschluß); am Vormittag Busverbindung nach Erfurt (Bahnanschluß).

99891 Winterstein
(380 m NN, 973 Einwohner/30.06.1994)
Ortsteil der Gemeinde „Emsetal",
Sitz in 99891 Fischbach, Tabarzer Straße 1,
Tel. 036259/56 60;
Zimmervermittlung: Verkehrsamt „i" „Inselsberg",
Am Wallgraben 1, Tel. 036259/5 11 60;
Hotels und Gaststätten
Hotel & Restaurant „Wintersteiner Hof", Liebensteiner
    Straße 1, Tel. 036259/56 10,
Gasthaus „Zur Linde", Tel. 036259/5 82 03,
Gasthaus „Meisenstein", Tel. 036259/5 82 52,
Gasthaus „Thüringer Wald", Tel. 036259/5 81 99,
Gasthaus „Zum Hirsch", Liebensteiner Straße 65,
    Tel. 036259/20 62.
Ausflugsgaststätten der Umgebung
Hotel „Grünes Herz", An der Schwarzbachwiese (670 m
    NN), Tel. 036929/8 03 01,
(siehe auch Tabarz).
Bad: Waldschwimmbad, Schwarzhäuser Straße 13,
Tel. 036259/5 88 03;
Freizeitanlagen: Sportplatz „Im Sembachtal" mit Festplatz und Kinderspielplatz, Kleinsportanlage, Reitplatz sowie Reiterhof von Günther Markerdt, Waltershäuser Straße 44, Tel. 036259/20 06, Rodelhang;
Post: Postamt, Liebensteiner Straße, Tel. 036259/23 33;
Banken: Am Wallgraben 2; KSK
Bus- und Bahnverbindungen: ganztägig Busverbindung nach Tabarz (Anschluß nach Gotha) sowie nach Ruhla und Eisenach (Bahnanschluß); am Vormittag Busverbindung nach Erfurt (Bahnanschluß).

In dieser Reihe erscheinen mit gleicher Ausstattung:
ISBN 3-623-00973-3
E. Kriemer, S. Mues, Ch. Russe: **Gera**
ISBN 3-623-00902-4
G. Krähahn: **Erfurt**
ISBN 3-623-00907-5
G. Krähahn: **Die Drei Gleichen**
ISBN 3-623-00900-8
H. Roob, W. Görtler, K.-P. Herr: **Gotha**